DE TUDO QUE EU VI

PAULO CESAR DE OLIVEIRA

DE TUDO QUE EU VI

POR EDUARDO MURTA

Direitos exclusivos desta edição reservados pela
EDITORA JOSÉ OLYMPIO LTDA.
Rua Argentina, 171 – 3º andar – São Cristóvão
20921-380 – Rio de Janeiro, RJ
Tel.: (21) 2585-2000

ISBN 978-85-03-01367-3
Impresso no Brasil

Texto revisado segundo o novo Acordo Ortográfico da Língua Portuguesa.

Edição de texto e pesquisas: Eduardo Murta
Direção de Arte e Diagramação: Oriádina Panicali Machado
Tratamento de imagens: Marcos San Juan
Foto de capa: Juliana Flister
Montagem de capa: Ricardo Sá

CIP-BRASIL. CATALOGAÇÃO NA PUBLICAÇÃO
SINDICATO NACIONAL DOS EDITORES DE LIVROS, RJ

O49d Oliveira, Paulo Cesar de
De tudo que eu vi / Paulo Cesar de Oliveira. – 1. ed. – Rio de Janeiro: José Olympio, 2018.
ISBN 978-85-03-01367-3
1. Jornalismo - Brasil. 2. Reportagens e repórteres - Brasil. 3. Oliveira, Paulo César de - Narrativas pessoais. I. Título.
CDD: 079.81
CDU: 070(81)

Vanessa Mafra Xavier Salgado - Bibliotecária - CRB-7/6644

SUMÁRIO

ÁGUA

FOGO

AR

TERRA

APRESENTAÇÃO

Seis anos depois de Minha Palavra, autobiografia, o jornalista e empresário da área de comunicação Paulo Cesar de Oliveira está de volta para mergulhar mais uma vez no universo em que se sente mais à vontade: o de juntar palavras, contar estórias e também revelar um pouco mais de si na atividade que o transformou numa referência para além de Minas Gerais. É não só um retorno às origens deste colunista que estreou nos anos 1960, como um pouco dos bastidores e segredos de seus mais de cinquenta anos de jornalismo.

Dos primeiros furos de reportagem ao olhar crítico sobre as demandas de sua cidade e dos mineiros e à delicada convivência com uma geração de "raposas" da política, o que lhe assegurou a peculiar capacidade de leitura de cenários tanto regionais quanto nacionais. Mais do que isso, mereceu o respeito do leitor e de exponenciais no mundo dos negócios e da área pública. Na esteira desse reconhecimento e no exercício da apuração — "Uma vez repórter, sempre repórter", se orgulha de afirmar PCO —, vieram notícias de primeira mão nos planos municipal, estadual e federal, como, ainda em 1976, com dois anos de antecedência, a perspectiva de João Baptista Figueiredo ser o indicado para assumir a Presidência, ou as articulações de Tancredo Neves para se cacifar ao Planalto tão logo assumiu o governo de Minas.

A reunião de notas em suas colunas — teve passagens pelos jornais Diário da Tarde, Diário Católico, Diário de Minas, Estado de Minas, Correio Braziliense e Hoje em Dia, e ainda as revistas Encontro e Viver Brasil, da qual atualmente é diretor-geral — é, noutra medida, uma espécie de recorte de seu tempo. Ali estão desde os fragmentos da Guerra Fria à transformação dos costumes, aos dribles sobre a censura, ao ocaso e ascensão de artistas. No campo político, da redemocratização à quebra de monopólios estatais e à sucessão de escândalos que jogaram o país numa encruzilhada emblemática.

O novo livro, então, traz ainda um tanto sobre este Paulo Cesar de Oliveira que, no colunismo, ajudou a contar muito sobre Belo Horizonte, Minas Gerais e sua gente. Esta obra é também um aceno àquilo que, a depender do interlocutor, nos preenche ou nos desafia: a espiritualidade. Aqui estão relatos de uma figura que viveu experiências o bastante para crer que "nada acontece por acaso" — seja a superação de dramas clínicos ou o testemunho de fenômenos que a ciência simplesmente não explica.

As estórias revelam, por fim, a face empreendedora de PCO. Do jornalista que se tornou empresário no segmento de revistas no começo dos anos 2000 e amadureceu sua atuação no setor com o lançamento do Grupo Viver Brasil (VB) em 2008, responsável, entre outros títulos, pela Viver Brasil e pelo jornal Tudo. Na VB nasceu um de seus mais audaciosos projetos, o Conexão Empresarial, que reúne men-

salmente figuras de peso dos setores privado e público para pensar o Brasil, discutir modelos de sucesso, avaliar criticamente nossas perspectivas como nação e celebrar encontros que possam estreitar relacionamentos, gerar negócios e valorizar o foco em soluções. Acima de tudo, promover uma atmosfera de reflexão que tem feito falta ao país.

O novo livro de Paulo Cesar de Oliveira reúne, assim, elementos que dão tempero e equilíbrio a sua trajetória: um olhar sob a perspectiva da linearidade profissional (água), o campo ardiloso da apuração e convivência política (fogo), os ventos instigantes da espiritualidade (ar) e o desafio de, por meio do Conexão Empresarial, propor o essencial papel reflexivo, uma contribuição ao país (terra). Nessa junção, estão aí — não necessariamente na ordem convencional — água, terra, fogo e ar. E o pó da História. Muita história.

ÁGUA

Mais que jornalismo, paixão

No começo, foi um traço despretensioso de caneta sobre a folha em branco. Algo que poderia soar como mera diversão de adolescente. Mas era bem mais que isso. Sinal de que, quando há paixão, não há meio-termo. Vale para a arquitetura, a medicina, o direito, os negócios, a moda, a dança, a carreira militar, a diplomática. Da mesma forma, para o jornalismo. Há quem tenha nascido exatamente para o ofício. Foi assim com o segundo dos seis filhos dos mineiros Décio Lopes de Oliveira e Elza Silva Lopes de Oliveira.

Natural de Belo Horizonte e radicado até a adolescência em Montes Claros, no norte de Minas, a 430 quilômetros da capital, sem rompantes de rebeldia, Paulo Cesar de Oliveira haveria de contrariar os sonhos do pai em vê-lo trilhando os caminhos da advocacia (em que ele se formara) ou da engenharia. Fez bem. Muito bem. O escorpiano de 9 de novembro de 1945, com ascendente em aquário, tinha DNA de jornalista nas veias. "Lembro que meu pai nunca foi muito fã dessa história de eu abraçar o jornalismo. Com mamãe não tinha o menor problema. Meu pai queria que eu fosse um advogado, como ele, um engenheiro, talvez. Mas não um colunista. Achava que jornalistas eram boêmios. Mais tarde, eu já em Belo Horizonte, passou a respeitar minha escolha e a reconhecer valor nela."

Não era para menos. O exercício da apuração de informações — fosse sobre o casamento do ano, a negociação bombástica no setor bancário, a surpreendente nomeação na área política — lhe assegurou uma fina capacidade de leitura de cenários. Como colunista, jamais se afastava da máxima "Uma vez repórter, sempre repórter." E não foram poucos os furos de reportagem e as antecipações de desdobramentos sobre temas vitais no campo da economia, na gestão pública ou no centro do poder.

Em estilo profético, cravou com precisão madura aquilo que se confirmaria no dia seguinte ou dali a dois anos. Sim, dois anos adiante. Era um tempo, como ele mesmo sublinha, em que se fazia o jornalismo sem pressa. Um dos tantos e emblemáticos exemplos está nesta nota, de 5 de junho de 1976. Num período em que o Brasil vivia um regime politicamente fechado, a ditadura militar, antecipou em sua coluna no jornal *Diário do Comércio*, de Belo Horizonte: "O general João Baptista Figueiredo, chefe do Serviço Nacional de Informações, sempre foi o primeiro nos estudos e nos concursos dos quais participou. Pois bem: guardem o nome dele. E quando vier a sucessão presidencial, vocês ouvirão falar muito nele. Para ser mais preciso, apesar de ser cedo para ventilar o assunto, ele é o nome forte para suceder o presidente Geisel. Anotem em suas agendas."

É o mesmo Paulo Cesar de Oliveira, carinhosamente convertido a PCO no final dos anos 1980, que passaria por várias publicações até empreender seu próprio negócio, a revista Viver Brasil, do Grupo VB de Comunicação, ao lado dos filhos Paulo Cesar Alkimim de Oliveira e Gustavo Cesar Oliveira. Foi numa de suas análises na Viver Brasil que diagnosticou de longe a crise que seria fatal para o governo da presidente Dilma Rousseff. Em 21 de março de 2014, ele resumia os sintomas de tremor político na Coluna do PCO, na nota "Irritação presidencial": "Não convidem para a mesma mesa a presidente Dilma Rousseff e o líder do PMDB na Câmara, o deputado Eduardo Cunha. Na intimidade, ela tem dito que não quer ver nem pintado a ouro o deputado, que vem tirando a sua paciência. A presidente, candidata à reeleição, teve que se render a alguns anseios do PMDB para garantir seu apoio."

O resto é história. Figueiredo foi de fato o sucessor do general Ernesto Geisel, com a incumbência de promover a transição que levaria os civis de volta ao governo. E Dilma acabou retirada da Presidência num processo de impeachment liderado exatamente por Cunha, entre 2015 e 2016. Jornalisticamente, era uma das tantas vitórias daquele garoto que um dia subiu as escadarias do sobrado em que funcionava a *Gazeta do Norte*, em Montes Claros, no começo dos anos 1960, e propôs a criação de uma coluna sobre os assuntos locais.

Deu a ela o nome Miscelânea. E sugeriu a Felisberto, filho de Jair de Oliveira, que comandava a publicação cinquentenária, então impressa a partir de tipos de chumbo: "Vou fazer uma crônica, algo que pode ser visto como uma crônica social." O amigo matutou por um instante e deu o sinal verde: "Vá em frente." Era tudo o que ele queria. "Como eu não sabia escrever à máquina, comecei a escrevendo à mão."

A coluna era assinada e dava ênfase às festas e à gente da cidade: "Nem me pergunte o porquê do nome Miscelânea. Era, no fundo, uma brincadeira. E aquilo tomou forma em mim. A vontade de ser jornalista nasceu cedo. Foi ali por volta de 1963, 1964. Me inspirei por ali. Reconheço que era um passatempo." A primeira versão demorou alguns dias para ser publicada pela *Gazeta do Norte*, que circulava duas vezes por semana. "Fiquei quase sem dormir. Quando saiu, foi aquela sensação de encantamento. Era simples? Era. Mas é o que me levou a chegar ao que cheguei." Durou cerca de um ano. "Foi uma brincadeira que deu certo. Nasceu ali a certeza de que queria entrar mesmo para o mundo do jornalismo."

Havia um colega de crônicas, Flávio Pinto ("que escrevia muito bem, mas não seguiu na profissão, virou bancário") e uma referência local, Lazinho Pimenta, do jornal *Montes Claros*, mais tradicional. O "farol", porém, estava no Rio de Janeiro, num jornalista que revolucionaria o colunismo social: Ibrahim Sued, de *O Globo*, de quem mais tarde se tornaria amigo. "Tive um pequeno contato com ele antes de começar. Fiquei admirado, e não era para menos. Aquilo só reforçou as minhas convicções. E parti para Belo Horizonte, disposto a abraçar definitivamente a profissão."

PCO, um homem do seu tempo

Carlos Mário Velloso, jurista,
ex-ministro do Supremo Tribunal Federal

O menino de Montes Claros não tinha ainda esse moustache de espantar mau-olhado, mas já era um repórter, um foca, como se diz entre os jornalistas, sempre a farejar notícias. Foi assim, na casa dos 20 ou 30 anos de idade, que conheci Paulo Cesar de Oliveira.

Não demorou para que crescesse na profissão. Pouco tempo

depois, era responsável por uma coluna no Estado de Minas, que acabou se transformando num caderno do grande jornal dos mineiros, do qual Paulo Cesar de Oliveira, já agora o PCO, era o editor.

Sua trajetória profissional seguia em ascensão. PCO, de vasto bigode, que um ou outro amigo brincava, chamando-o de Monsieur Moustache, não brincava em serviço. Lembro-me do seu entusiasmo ao criar, com um ou mais sócios, a primeira revista. E me dizia: "Vai ser a revista de Minas." A revista foi editada, foi vitoriosa. Algum tempo depois, PCO deixa a publicação e cria outra, a Viver Minas, que virou Viver Brasil.

Jornalista com vocação para empreendedor, criou o Conexão Empresarial, que reúne empresários de Minas. Já participei, a convite do Paulo Cesar e do filho Gustavo, seu braço direito, de mais de um dos encontros do Conexão Empresarial. PCO foi dos primeiros no nosso Estado que atentou para a importância do compliance no garantir boa governança às empresas.

Nos primórdios da Operação Lava Jato, que lançava seus tentáculos sobre o conúbio adúltero e corrupto de setores dos poderes político e econômico, PCO pediu-me que falasse num dos almoços do Conexão Empresarial. Desenvolvi, então, o tema, atentando para as questões das delações premiadas, dos acordos de leniência e do compliance, institutos novos que, bem aplicados, podem evitar o envolvimento de empresas (compliance) e salvar ou deixar em situação razoável empresas e empresários envolvidos (acordos de leniência e delações premiadas).

O experiente jornalista, também empresário, enxergava à frente. É exemplo de homem do próprio tempo com os olhos postos no futuro.

É assim que vejo Paulo Cesar de Oliveira, o PCO.

Degrau por degrau

O começo, claro, não foi fácil. A tal boemia, temor do pai quando soube que o filho escolheria o jornalismo, o abraçou em muitas esquinas, bares, boates e inferninhos da capital mineira, como o tradicional Edifício Maletta ou outros pontos de menor glamour. "Havia um bar em especial para o qual boa parte dos jornalistas da cidade seguia ali pelas dez da noite, o Mocó da Iaiá, na Rua Tupinambás, no Centro. A turma ficava até quatro, cinco da manhã. Bebidas, mulheres, música..." Atmosfera divina para quem queria se divertir, mas nada compatível com a vida escolar.

Aquilo abalou sua condição de estudante secundarista do Colégio Estadual Central (um verdadeiro vestibular da época), cuja sequência abandonaria, mas não a ponto de afastá-lo do sonho maior. "Quando me mudei para Belo Horizonte, as sementes já estavam plantadas. Nunca pensei numa outra profissão. Sempre trabalhei para ser jornalista." A formação profissional não veio a partir da academia, mas diretamente do campo de trabalho. "Jornalismo é vocação, acredito nisso. Se hoje mudou um pouco, com as escolas especializadas, a vocação segue ainda sendo algo indispensável."

Em Belo Horizonte, batendo numa porta aqui, noutra ali e circulando estrategicamente por eventos sociais, o garoto franzino ganhou a primeira oportunidade. Conheceu o colunista Marcos Souza Lima, do semanário *Jornal da Cidade*, comandado por Jofre Alves Pereira. Nem mesmo sabia escrever à máquina. Aprendeu, virou assistente de Marquinhos e ganharia seus primeiros "trocados" como jornalista. Nesse meio-tempo, o olho girava como um periscópio em busca de mais chances profissionais. Assinar uma coluna numa revista sobre cavalos? Fechado! Sem distinguir um corcel de um alazão, lá foi ele para a *Minas Turf*, de Altino Machado, onde produziria a coluna Sociedade no Turf. "Circulava no jóquei, transitava pelas tribunas, apurando uma informação aqui, outra ali, vendo as mulheres bonitas." Cavalos? Ah, deixasse os cavalos pra lá.

E o que dizer sobre uma coluna dedicada a automóveis, mesmo que não soubesse dirigir? Fechado! A convite do amigo Hermógenes Ladeira, então diretor da edição mineira do jornal Última Hora, passou a escrever sobre testes de direção dos carros lançados pelas montadoras. Como assim, sem saber conduzir? Nada que um acompanhante habilitado não resolvesse.

Belo Horizonte foi se tornando, dessa maneira, não só a cidade em que nascera, mas a que elegera para se estabelecer profissionalmente. Viriam o *Diário da Tarde*, sua primeira grande redação, *O Diário Católico, Diário de Minas, Diário do Comércio, Estado de Minas, Hoje em Dia, a Encontro*, com a qual passou a empreender no ramo de revistas e, por fim, a *Viver Brasil*. "Lá se vão mais de cinquenta anos. O jornalismo me encantou desde a primeira hora." Se afinava cada vez mais os laços com a capital, as raízes com Montes Claros, onde cresceu, permaneciam — e permanecem — inabaladas.

Na segunda metade dos anos 1970, com o nome consolidado no meio jornalístico, acabou se tornando cidadão honorário de Montes Claros. Foi uma das raras vezes em que, numa cerimônia pública, chorou. Desabava ali, diante da família, de amigos, o Paulo Cesar de Oliveira contido, introspectivo e, para muitos, fechado. "Meu pai já havia morrido, mas minha mãe estava lá. Me tocou muito. Havia um significado muito especial para mim, especialmente por não ter nascido na cidade, que aprendi também a amar como se fosse uma terra natal." Na Câmara Municipal, ele leu as primeiras linhas do texto que havia preparado. As mãos tremiam. Os olhos marejavam. A garganta secava. "Comecei a fazer o discurso. Não dei conta. Chorei. Quem acabou o pronunciamento foi o Camilo (Camilo Teixeira da Costa, então diretor do jornal *Estado de Minas*)."

Ao se projetar, ele acabou projetando a Montes Claros onde o pai, Décio, dirigira o Banco de Minas Gerais, a Associação Comercial e fora proprietário de uma revenda de automóveis da Ford, sócio de Joaquim Alves da Silva, o Quinzinho, grande incentivador de PCO. Seu vínculo com o lugar se fortaleceu tanto que há quem imagine se tratar de seu município de origem. "Sou de lá de coração. Só não aprendi a gostar de pequi", brinca, numa referência a uma das principais iguarias da região. "Gosto dos valores locais, ainda que prefira os grandes centros, mas o valor maior está nas pessoas."

Dos tempos de Montes Claros restou somente a lembrança, a memória afetiva quando o assunto é a iniciação no jornalismo. Não há traço das colunas publicadas na *Gazeta do Norte*, nada que possa compor um álbum de recordações ou um painel na parede. "Já até tentei resgatar esses jornais da época, mas, infelizmente, não consegui. E quem participou não está mais vivo. São poucas as pessoas que talvez se lembrem disso."

PCO: mineirices nas palavras

Sérgio Murilo Braga, advogado e presidente da Caixa de Assistência dos Advogados de Minas Gerais

Com mais de quarenta anos de atuação em importantes veículos de comunicação, Paulo Cesar de Oliveira, o nosso querido PCO, foi em toda a sua carreira um obstinado na busca da notícia. Sua atuação, sempre de forma íntegra e compromissada com a verdade, fez com que se tornasse um dos mais influentes jornalistas brasileiros. Teve passagens pela Gazeta do Norte (*em Montes Claros*), Última Hora, Diário da Tarde, Diário de Minas, Diário do Comércio e ainda Correio Braziliense. *Foi um dos mais longevos editores do caderno Fim de Semana, do* Estado de Minas, *onde esteve à frente da editoria por 22 anos.*

Como colunista, desde 2000 passou a assinar a coluna diária no Hoje em Dia, *veículo onde também editou o caderno Domingo. Toda essa experiência fez com que, em 2008, resolvesse partir para um empreendimento próprio, com o lançamento da VB Comunicação. Como publisher, consolidou o que é hoje um dos grandes grupos de comunicação de Minas Gerais e em expansão pelo país afora, desenvolvendo produtos que primam pela inovação, qualidade gráfica e credibilidade de conteúdo.*

A tradição e paixão de PCO pelo jornalismo fez com que seus filhos Gustavo Cesar Oliveira e Paulo Cesar Alkimim de Oliveira empreendessem o lançamento da Viver Brasil *em 2008. Hoje, GCO está ao lado do pai como editores da revista Viver Brasil. A publicação, sucesso absoluto entre os belo-horizontinos, graças à competência de seus administradores, se expandiu e hoje é distribuída nos principais centros de decisão do país: Rio de Janeiro, São Paulo* e Brasília.

Inicialmente com tiragem de 50 mil exemplares, hoje já atinge 100 mil mensalmente e um público selecionado de cerca de meio milhão de leitores, graças à qualidade técnica e jornalística de sua equipe, que conhece a fundo as exigências de padrão e preferências de seu público.

PCO já mereceu uma primeira biografia. Toda a sua experiência, assim como relatos inéditos, graças ao trânsito que tem nos melhores salões das Minas Gerais e do Brasil, estão em *Minha Palavra*, editado pela José Olympio em 2012. A publicação, além de ser um relato biográfico, é um resumo da história da comunicação nacional nas últimas décadas.

Sua vivência e experiência fazem com que atue também na promoção de grandes congressos, eventos e encontros empresariais. Todos com grande sucesso. Paulo Cesar de Oliveira é uma máquina de formar opinião em Minas Gerais e um exemplo de perseverança e generosidade a ser seguido.

Pulsando com a capital

A Belo Horizonte em que Paulo Cesar de Oliveira se fixara era como um mundo à parte, em que quase tudo estava para ser descoberto. Do ponto de vista profissional, nada mais instigante. Os desafios se punham como inspiradora novidade. E numa crescente, a ponto de, ali pela segunda metade dos anos 1960, PCO começar a se fazer notar no campo do jornalismo — fosse pela especialidade ou pela diversidade. O período de 1965 já o tem frequentando as principais festas da capital mineira e jantares do Automóvel Clube, Jaraguá, Sociedade Hípica, Sociedade Mineira dos Engenheiros e ainda locais como o Pampulha Iate Clube e o Iate Tênis Clube. Em terno, smoking, no traje que precisasse para produzir a coluna sobre clubes sociais no jornal *Diário da Tarde*, do Grupo dos Diários Associados, convidado pelo jornalista Fábio Doyle.

Migraria dali para o semanário esportivo *Estádio*, de Benedito Adami Carvalho, levado por Oseias Carvalho, o mesmo padrinho que o conduziria a *O Diário,* publicação católica cujo diretor de redação era o jornalista Manoel Hygino, ainda em 2018 escrevendo como articulista no jornal *Hoje em Dia.* Começava ali a fase de vínculos duradouros, mesmo que seguisse aberto a novas experiências. Em *O Diário*, foi de 1967 a 1970. A transferência para o *Diário de Minas*, então dirigido por Rodrigo Mineiro, foi uma espécie de marco. O jornal integrava o grupo Força Nova de Comunicação, de Januário Carneiro, proprietário também da Rádio Itatiaia (que se tornaria a mais influente de Minas) e da TV Vila Rica (repetidora da Bandeirantes). Além da boa informação, estão presentes jargões que vão acompanhá-lo como uma espécie de marca registrada. O "tomem nota", para registrar um furo de reportagem. O "oh, dor!", para introduzir um tom de ironia e picardia quase editorializados a determinadas situações ou personagens. Além de tiradas, como "I'll be back tomorrow, fellows" e a purpurina "em grande estilo."

Os tempos eram de efervescência — no caso do Brasil, uma panela de pressão sob os efeitos das mudanças nos padrões de comportamento originadas ainda na década de 1960 e um governo militar disposto a barrar qualquer traço de rebeldia. Em resumo, não era fácil escrever usando abordagens críticas, tampouco fechar os olhos a elas. Enquanto no noticiário tradicional era destaque a homologação de Ulysses Guimarães como anticandidato pelo MDB no Colégio Eleitoral, Paulo Cesar de Oliveira dividia a página com o horóscopo do Mestre Tahan e a coluna de crônicas de Márcio Rubens Prado. Em 23 de setembro de 1973, antecipava: "Tomem nota: o médico e poeta Silvio Miraglia é quem vai ocupar uma vaga na Academia Mineira de Letras."

Era seguido por um teaser sobre uma promoção que o acompanharia na vida do colunismo: o reconhecimento às ações que tivessem valor transformador em qualquer área. Assim, uma garota de biquíni (ousadia para a época) surgia provocante na lateral da coluna: "Estou reservando uma bomba a vocês. Dia 30 de setembro. Em grande estilo." O suspense vai se desfazer na semana seguinte, com o anúncio sobre a promoção "Destaques do Ano: ela apontará, nos primeiros dias de dezembro, aqueles que mais se distinguiram em atividades diretamente ligadas ao desenvolvimento de Minas, em seus diversos setores." As áreas eram: indústria, comércio, finanças, administração pública, educação, saúde, direito, assistência social, literatura, artes plásticas, teatro, música, comunicação, turismo e esporte.

Definir os eleitos — com direito a troféu feito pelo artista plástico Wilde Lacerda — ficava a cargo de uma comissão de 45 notáveis. No noticiário, os efeitos devastadores da bipolarização mundial.

Na página seguinte: "Perón declara guerra total ao marxismo." A pitada de descontração ficava com a ênfase quase diária às tendências de moda e — num tempo em que o politicamente correto não tinha tanto glamour — às pílulas de veneno que esbarravam nas fofocas despretensiosas, incluindo separações e a pimenta sobre o tabu da homossexualidade masculina.

Em 25 de setembro daquele 1973, por exemplo, o futuro das calças boca de sino estava na ordem do dia entre os estilistas: "É... as pantalonas, pelo visto, ainda irão continuar na moda por muito tempo. A afirmação é dos papas no assunto da moda em Paris, Londres e Roma." Noutra ponta, a coluna assume também um viés de quem acompanha a cena cultural da cidade ao elogiar a entrega física do ator Milton Moraes na peça *Um edifício chamado 200*. "Mas que senhor ator. O desgaste é tanto que precisa de litros de laranjada para se reidratar." No noticiário, a prova de que o mar não andava para peixes: "Militares vasculham casa de Neruda, e Chile enterra hoje seu poeta."

Uma amizade de décadas

Angela Braga Magarian, mineira,
consultora imobiliária em Nova York

Éramos jovens frequentadores dos clubes sociais em Belo Horizonte e cheios de sonhos e expectativas para um futuro promissor quando conheci Paulo Cesar de Oliveira. Estávamos ali por volta de 1965. Vindo de Montes Claros, ele já procurava seu caminho no jornalismo e colaborava com Marcos Souza Lima em sua coluna no Jornal da Cidade.

Muitos anos se passaram e diversas mudanças ocorreram em nossas vidas. Paulo Cesar crescendo na sua vida profissional e despontando como um grande e respeitado jornalista político, e eu me mudando para Nova York, onde vivo até hoje.

Ainda que morando em países diferentes e distantes, nossa amizade e minha admiração pelo amigo só vieram a crescer.

Vi o pai companheiro, generoso e presente, de dois lindos filhos, Paulinho e Gustavo, de quem tanto se orgulha. Vi sua resiliência e coragem perante os tropeços da vida, algo que só o ajudou a ficar mais forte, mais determinado e a galgar posições mais e mais proeminentes.

Um dos pontos altos e de ouro de sua carreira, não tenho dúvida, foi sua passagem pelo jornal Estado de Minas, *na época o mais lido e importante de Minas Gerais. Por lá, foi responsável por criar o caderno Fim de Semana, que se tornou conhecido não só em vários estados do Brasil, como também em Nova York e em outras cidades norte-americanas de concentração de brasileiros. As visitas então constantes de Paulo Cesar à capital do mundo fizeram nossa convivência e amizade se fortalecerem ainda mais. Além do nível social, também no familiar. Em 1981, durante um ano, manteve duas páginas mensais no caderno Fim de Semana sobre os brasileiros que residiam em Nova York e tinham seus negócios na Big Apple. Eu tinha a minha loja Broadway's, ponto dos brasileiros que viajavam à cidade. Além de leitora, eu era também anunciante do caderno, cujo alcance de leitura e reconhecimento asseguravam ótimo retorno do investimento.*

Em minhas inúmeras idas e vindas a Belo Horizonte, eu era sempre convidada para os jantares memoráveis na residência de Paulo Cesar, onde se reuniam pessoas da alta sociedade de BH e do Brasil, e ainda do alto escalão da política mineira e brasileira.

Após sua saída do jornal, ele passou por outros órgãos da imprensa mineira e deu seu passo mais audacioso e empreendedor na carreira jornalística: fundou a própria revista ao lado dos filhos, Paulinho e Gustavo.

Hoje, a revista Viver Brasil *é sua maior vitória, comemorando 10 anos de existência em 2018. Não é por acaso que é uma das mais reconhecidas publicações de Minas e do Brasil. Nas redes sociais, seu blog matinal compila com profundidade as melhores notícias econômicas e políticas.*

Tenho muito orgulho do meu amigo Paulo Cesar de Oliveira e desejo que continue sempre a sonhar e a concretizar belos e grandes projetos.

Como um recorte histórico

O colunismo social, no fundo, era uma espécie de recorte histórico de seu tempo. Cabendo, como na coluna de 26 de setembro de 1973, notas tanto sobre os projetos da Vale para a mineração no país quanto o sucesso da mulata mineira Zhora, com o show Manequim, dirigido por Maurício Sherman. Sendo em certa medida a extensão do pensamento comum, o colunista abraçava causas da cidade, como a cobrança sobre ações de combate à violência, limpeza urbana e infraestrutura. "Jornais do Rio — até eles — criticando o nosso aeroporto da Pampulha e sua precariedade." Dois dias depois, destaque para a chance de a montadora de automóveis Peugeot se instalar em Minas — as negociações de fato existiram, mas o acordo não foi adiante.

Em 2 de outubro daquele 1973, um dos tantos furos: "Os jornais do domingo confirmaram mais uma notícia que esta coluna antecipou: a criação de distritos florestais, que incrementarão nosso estado em programa de reflorestamento que poderá tornar Minas um dos maiores fabricantes de papel celulose. Em grande estilo." Na Europa, os efeitos da Guerra Fria ainda eram sentidos, como indicava a manchete da página seguinte: "Diferenças políticas e sociais impedem unificação das Alemanhas." E em 3 de outubro, a coluna expunha a fase do "Brasil grande", em que o governo dos militares, embora conservador, preconiza um Estado forte até no campo da economia. Ao mencionar as comemorações pelos 20 anos da Petrobras, PCO observava: "Neste curto período, a empresa se transformou numa das mais fortes do mundo e a mais poderosa da América Latina."

E para os que estereotipavam a imagem de um colunista social, jocosamente associada a bons jantares, viagens estonteantes e pouco suor, volta e meia os exemplos de bom jornalismo estavam ali para revelar a face de quem ia com avidez em busca da notícia exclusiva ou a recebia por seu grau de reconhecimento profissional. "Os informantes dessa coluna em Brasília dão como certa a transação entre o Real e o BMG", antecipava Paulo Cesar de Oliveira em 5 de outubro daquele 1973. No mesmo espaço, a crítica ao desaparecimento dos táxis de Belo Horizonte exatamente na hora do rush, reforçando os laços com as demandas do leitor.

Dois dias à frente, enquanto o conflito entre os países árabes e Israel abalava o mundo com a crise do petróleo ("Guerra do Oriente põe frota dos EUA e Marinha Soviética em alerta"), um puxão de orelhas na administradora dos estádios em Minas Gerais: "Das mais ridículas essa campanha da Ademg e da Federação Mineira de Futebol com relação aos palavrões soltados pelos torcedores. Dizer que é para preservar a mulher é uma bobagem enorme, pois hoje elas também falam como os homens." E ainda a perspectiva de o maior projeto agropecuário do mundo ser implantado em terras mineiras: "O grupo é alemão, liderado por Mr. Ludwig — um homem poderosíssimo e que foi despertado para Minas Gerais. Vão aqui alguns dados: 1 milhão de suínos, 250 mil cabeças de gado, e produzirá diariamente 1 milhão de ovos. E há ainda as plantações paralelas."

De babados e bochichos

Mas coluna social também falava, naturalmente, de sociedade, como na nota "O casamento do ano", de 9 de outubro: "Tranquilamente, posso afirmar que o casamento de Andrea Misk com o rapaz Carlos Eduardo Faria pode ser considerado o casamento do ano. A basílica de Lourdes estava intransitável. Logo após a cerimônia, foram para a mansão dos Minsk, na Pampulha. A recepção foi no grande jardim interno e em volta da piscina."

E o próprio tom das notas revelava um tempo em que era possível expor determinado assunto e ter a paciência e certeza de que se poderia esperar o momento certo para confirmar os detalhes: "Mais alguns dias e poderei revelar em primeiríssima mão um novo investimento industrial para Minas da maior importância. Só não revelo ainda para não atrapalhar as transações, que tenho acompanhado de perto." E os conterrâneos sempre na linha de frente do noticiário: "Uma mineira, Lygia Mattos, será responsável pela confecção de bordados em várias peças que farão parte do enxoval da princesa Anne, da Inglaterra. Suas artesãs — verdadeiras artistas — já estão executando as provas dos croquis. Ela segue na próxima semana para a Inglaterra." Lygia Mattos foi sucedida pela filha, Cláudia, que em 2018 levaria seus produtos para Dubai.

E na linha de atiçar o imaginário do leitor, um ou outro mexerico surgia na coluna, como este de 12 de outubro de 1973: "Anteontem, nos salões de beleza mais elegantes de Belô, a expectativa era geral. Conhecido cabeleireiro — que dizem ser muito bonito — anunciou que iria ao show de Johnny Mathis no Palácio das Artes travestido e em companhia de conhecido rapaz da sociedade, tido como um dos principais conquistadores de mulheres bonitas. Quem será o Dom Juan?" Na edição do dia seguinte, o destaque para abordagens em que a cobrança a setores empresariais era a tônica: "É triste ver que nossas entidades de classe não tomam a menor disposição diante de assuntos importantes para o estado. Um caso concreto é a venda da Frimisa. Concordo plenamente que o governo venda. Mas pergunto: por que um grupo de mineiros não se associa e entra no negócio?"

Inspiração permanente

Cesar Romero, colunista da Tribuna de Minas, de Juiz de Fora

Minha amizade e admiração pelo Paulo Cesar de Oliveira vêm de longa data e, cada vez mais, se consolida. No início dos anos 1980, apresentado pelo saudoso amigo comum Nélson Boechat Cunha — ex-secretário de Estado do Interior e Justiça de Minas Gerais — passei a acompanhar mais de perto sua trajetória profissional e pessoal.

Como colunista do Estado de Minas *e do* Diário da Tarde, *ele marcou época no jornalismo mineiro ao modernizar a abordagem social, política e empresarial com um estilo reconhecido pela ética e pelo compromisso com a verdade.*

Mais tarde, PCO imprimiu seu aguçado olhar nas páginas do jornal Hoje em Dia, *período em que com ele ampliei o convívio profissional.*

Paulo Cesar sempre foi um amigo de todas as horas, das mais festivas às mais difíceis, como no caso do fechamento do Diário Mercantil, *em 1983, em Juiz de Fora, na Zona da Mata mineira. Foi ele (ao lado dos amigos Nélson Boechat Cunha e Hermógenes Ladeira) quem me confidenciou o encerramento das atividades dos jornais Associados na cidade. Graças à atuação de PCO, passei a ocupar a gerência da sucursal do* Estado de Minas *na Zona da Mata, onde também editava uma coluna.*

Por seu prestígio e invejável círculo de amigos, PCO abriu as portas em Belo Horizonte para novos contatos profissionais e parcerias. Espelho de colunista bem informado e com trânsito nas mais diversas esferas de Minas, ele sempre demonstrou generosidade e amizade sincera.

Em todo o período em que venho desenvolvendo o colunismo na Tribuna de Minas *e realizando marcantes promoções sociais em Juiz de Fora, como a tradicional "Feijoada CR", realizada há 26 anos, tenho contado com a prestigiosa presença de Paulo Cesar.*

Nessa trajetória vitoriosa, estivemos juntos em inúmeros eventos Brasil afora e ainda compartilhamos duas estadas em Paris, quando me proporcionou almoços e jantares inesquecíveis, inclusive na comemoração de um aniversário seu, no icônico e luxuoso Hotel Plaza Athénée.

Na última década, em seu blog, na edição de revistas — destaque para a Viver Brasil *e o jornal* Tudo BH *— e na coordenação de importantes eventos, como o Conexão Empresarial, Paulo Cesar, ao lado do filho Gustavo Cesar, o GCO, continua evidenciando talento e uma inesgotável disposição para o trabalho.*

Ao longo de todo esse tempo, venho me pautando como colunista pelo belo exemplo de PCO, uma fonte permanente de inspiração.

Minas como bandeira

Diante das transformações em que a representatividade de instituições mineiras ia perdendo espaço naquele 1973, como no setor bancário, lamenta Paulo Cesar, ao comentar a negociação entre o Real e o Banco Minas Gerais. "A gente vê o esfacelamento da rede bancária mineira. Hoje temos apenas o Banco Comércio e Indústria e o Mercantil de Minas. E pensar que, em outras épocas, Minas detinha a maior rede do país. Dá pena." Dez dias à frente, critica a passividade do governo do estado e de suas lideranças frente a essas perdas. "Está havendo um esvaziamento no sistema bancário mineiro. Cada vez mais bancos mineiros são vendidos e não há qualquer interferência das autoridades. Deveríamos nos prevenir contra isso, como fez o Toninho Magalhães na Bahia." Anos à frente, o Mercantil de Minas se tornaria Mercantil do Brasil, firme até hoje, presidido pelo herdeiro Luis Antônio Araújo. E, no setor, o estado se mantém representado também pelo BMG, fundado por Flávio Pentagna Guimarães, dirigido pelos filhos, Ricardo, Toninho, Regina, Ângela e João.

Um dos tantos méritos da publicação era ajudar a jogar luz sobre mazelas da capital mineira, o que contribuía na busca de soluções. Em outubro, alertava: "Estão ocorrendo cantadas grosseiras de motoristas de táxi a passageiras desacompanhadas." E em 15 de novembro indicava que uma contundente resposta fora dada ao problema: "O B-tran ouviu as críticas desta coluna. Nos sinais luminosos, os choferes de táxis que levam apenas uma mulher são abordados pelos soldados do Trânsito, que indagam das senhoras se estão sendo bem tratadas."

Em sua biografia, *Minha Palavra*, lançada em 2012, Paulo

Cesar de Oliveira observava a passagem pelo *Diário de Minas* como um ponto de inflexão em sua carreira. A redação ficava num predinho de três andares da Praça Raul Soares, na confluência das avenidas Bias Fortes, Augusto de Lima, Amazonas e Olegário Maciel. Uma área no limite do Centro com os bairros Barro Preto e Lourdes, que ainda guardava certo glamour, com o funcionamento da fonte luminosa e os arredores com bares que marcaram época: "Acho que foi ali no *DM* que comecei a de fato consolidar a minha assinatura no colunismo. Era um jornal com mais penetração, mais representatividade e tiragem que *O Diário*, por exemplo", cita, numa referência ao veículo em que trabalhara anteriormente.

A inflexão marca também um período em que migra de uma abordagem essencialmente social para outra mais eclética, com notas políticas e econômicas indicando um trânsito qualificado junto a fontes de vários setores. Como esta, de 10 de outubro de 1973: "Dia a dia, a gente vai chegando à conclusão de que Minas hoje polariza as atenções de quem quer investir. Hoje vem a Belô o Sr. Ramon Conde, diretor do Novo Rio (do grupo do ex-governador Carlos Lacerda), que está estudando grandes investimentos no norte de Minas." O desdobramento, confirmando o que antecipara, viria em 20 de dezembro: "Carlos Lacerda retornou domingo da Europa, onde permaneceu mais de um mês tratando de negócios relacionados ao grupo Rio Novo. A propósito, a inauguração da sede própria em Belô definitivamente marcada para março."

Não significava, naturalmente, que fosse abandonar o noticiário sobre os principais lugares de convergência da alta sociedade, como o tradicionalíssimo Automóvel Clube. Em 17 de outubro, sinalizava o tremor de terra entre os sócios. "Como o

Automóvel Clube é o mais fechado de Belô — novecentos proprietários e quatrocentos remidos —, a sua despesa é altíssima e a receita, para os dias atuas, baixíssima. Daí, a solução é só uma: a taxa de manutenção. Uma ligeira demonstração indica que os associados que frequentam o quarto andar estão em débito altíssimo." No dia seguinte, um novo capítulo: "A reunião no Automóvel Clube chegou ao seu clímax quando o presidente Samuel Werneck anunciou que tinha em mãos uma proposta de um banco para a compra do imóvel. Um protesto generalizado, principalmente da ala mais antiga."

Na mesma coluna, mais uma notícia exclusiva: "Está resolvido e antecipo em primeira mão: na reunião do Conselho deliberativo da Sudene será aprovada a duplicação de uma indústria de roupas sediada em Montes Claros. Ela emprega quinhentas pessoas e, com o aumento de captação, passa a empregar 2.500. Será a maior do país."

Mas de onde vinha, afinal, o faro que permitia essas antecipações e riquezas de detalhes que faziam até gente do outro lado do balcão se surpreender? Era faro, mas havia algo mais, observa Paulo Cesar de Oliveira. Além de persistência, capacidade de leitura de cenários, era preciso o jogo da paciência — algo que se volatilizou para o jornalismo ao longo do tempo — e, finalmente, mas não menos importante, um ingrediente especial: confiança. "Sou de uma época em que convivi com Ibrahim Sued, Zózimo, Wilson Frade, Gilberto Amaral, em que a gente conquistava a confiança, fosse do político, de um empresário. Faz tempos que não se conquista mais essa confiança. Talvez por falta de tempo, porque não se senta mais para conversar."

Ele relembra essa fase em que passou a conviver cotidianamente com políticos, bem no começo, ainda em Montes Claros. E não abre discordância aos que avaliam que políticos são, indistintamente, desprezíveis. "Havia uma espécie de pacto mútuo. Às vezes, até com amizade. E isso não interferia no trato profissional nem no campo pessoal. Hoje não se vê isso mais." Mas os laços pessoais não podem ser danosos aos interesses do jornalismo num dado momento? "Amizades exigem dedicação, cumplicidade, desde que não se impeça de dar a notícia que tem de ser dada."

Aqui e ali, eram também essas amizades que garantiam informações de primeira, como esta, de 19 de outubro de 1973, no rastro da instalação da Fiat em Betim, na região metropolitana de Belo Horizonte. "Um amigo que acaba de chegar da Itália, onde transou com a fábrica de automóveis que vem para cá, impressionado com o número de italianos pretendendo vir para o Brasil. Não só na área de mão de obra especializada, mas grupos interessados em se associar a brasileiros para implantação de indústrias de autopeças." Em 25 de dezembro, a coluna voltaria ao assunto, agora com registros formais: "A Fiat já parte para sua implantação definitiva em Minas. Até fevereiro, os trabalhos de construção civil e montagem dos equipamentos já deverão estar iniciados."

O olhar jornalístico, ainda que não tenha exatamente caráter sociológico ou antropológico, acaba sendo um retrato do perfil de costumes, do pensamento e da curva tecnológica de seu tempo. Como mostram essas notas de outubro e dezembro de 1973. "É verdade que o sistema de comunicação do país está em franca fase de expansão. Tanto é que o futuro sistema de DDD a ser instalado em Minas — conforme planos da Telemig — atingirá um número de cidades maior que o total já instalado em todo o território nacional. Por outro lado, e por incrível que pareça, somente nesta semana foi inaugurado o sistema de telex no Piauí." Para os que não sabem, em muitas áreas havia uma central com telefonistas, e só com o auxílio desses(as) operadores(as) se podia fazer as ligações entre determinados municípios ou estados, chamadas de Discagem Direta a Distância (DDD). Numa dessas mudanças inovadoras, em dezembro de 1973, o flash da transformação: "Já está entrando em caráter definitivo o sistema de discagem direta a distância para os clientes da Telemig em Juiz de Fora. Faltava à Manchester Mineira mais esses status de cidade progressista. Prova disso é o fato de, durante a inauguração, terem sido registrados mais de 3 mil telefonemas, principalmente para o Rio e Belo Horizonte."

Paralelamente, fazia barulho a promoção Destaques do Ano, destinada a reconhecer e a premiar figuras de ponta em vários campos de atuação, do comércio à administração pública e às artes. "Que me perdoem os leitores ou amigos quando não puder atender as suas chamadas telefônicas aqui na redação ou em meu apartamento. Simplesmente ando muito sobrecarregado com as providências relativas à promoção Destaques do Ano. E o telefone não para. Um ouriço total", pontuava Paulo Cesar de Oliveira em 21 de outubro de 1973, mesma data em que jornais, como o *Diário de Minas*, abriam espaço a um escândalo envolvendo um ator que então desfilava como ícone nacional: "Jece Valadão prova que ser vilão não é difícil e surra mulher."

E a contagem regressiva para a premiação dos Destaques do Ano foi precedida por teasers que mais se pareciam um pé ante pé. Como na coluna de 4 de novembro: "Para quem pensa que somente alguns esnobes da Europa ou States têm o privilégio de mandar preparar o carro duas horas antes de sair, para a refrigeração completa e outras cositas más, está muito enganado. O Sr. Francisco Afonso Noronha, jurado do setor Indústrias no Destaques do Ano, também gosta de chegar ao seu Dart oficial e já encontrá-lo devidamente condicionado. São as exigências da época." Mais, em 8 de novembro: "Ontem à tarde, duas pessoas escolhidas Destaques do Ano, mas que ainda ignoram a indicação do júri, conversando despreocupadamente em plena Avenida Afonso Pena. Juro que deu vontade de contar-lhes."

Em 18 de novembro, finalmente os nomes das quinze personalidades que se tornariam Destaques do Ano, o que seria recebido com frisson. Os escolhidos: Indústria: José Mendes Júnior; Comércio: Renato Falci; Administração pública, secretário da Fazenda: Fernando Reis; Finanças: José Rezende Ribeiro; Educação: Helena Antipoff; Saúde: José de Laurenthys Medeiros; Direito: Wilson Mello da Silva; Literatura: Fernando Frieiro; Artes plásticas: Herculano Campos; Música: Carlos Alberto Pinto Fonseca; Teatro: Wilma Henriques; Turismo: Antero de Alencar; Esporte: Marcelo Coelho (reitor); Assistência social: Marina Pacheco; e Comunicação: Urias Botelho.

Vistos assim de longe, os reflexos em torno do evento parecem superestimados. Não, não eram. Belo Horizonte tinha, então, cerca de 1,5 milhão de habitantes, essencialmente movidos a assuntos locais, e não mais que três ou quatro canais de TV. Em 20 de novembro de 1973, Paulo Cesar de Oliveira registra: "Tudo aconteceu conforme previ: uma verdadeira multidão veio para a porta das oficinas do *DM*, sôfrega para conhecer logo os Destaques do Ano. Um reboliço doido, com a turma cercando os jornaleiros em plena noite." Da cerimônia de premiação, as observações que tinham um quê de agradecimento e comoção pessoal: "Difícil, dificílimo encontrar palavras para descrever a festa dos Destaques do Ano. O Museu de Arte Moderna — opinião unânime dos convidados — há muito não via uma noite como aquela. Até parecia com os velhos tempos do Cassino." Na capa do jornal, o significado de peso do evento: uma foto da socialite Zilda Couto entregando um dos troféus ao artista Herculano Campos.

Como o mundo não era — e não é — somente movido a festas, uma pitada de política em 23 de outubro: "O senador Petrônio Portela — ele é o presidente nacional da Arena — esteve em Belô para o encerramento do curso de liderança político-partidária promovido pela seção mineira. E foi logo avisando para os filiados esquecerem um pouco o problema da sucessão estadual. A hora não é nada propícia, já que o governo vai muito bem e as especulações só atrapalhariam. Falou e disse." Na edição seguinte, o olhar de um colunista que está para além dos salões, e na sintonia com as demandas de sua cidade, na nota Desafio permanente: "Como não tenho intenção de sair com grandes tiradas sociológicas, pediria apenas que alguém fizesse alguma coisa para retirar essa garotada vadia do meio da rua. É preciso uma providência, porque a situação agora se tornou alarmante. É terrível o espetáculo diário no Centro da cidade. São olhares famintos, mãos suplicantes, quando a necessidade é real, e pedidos descabidos, quando a malandragem já virou profissão."

Entre outubro e novembro, enquanto o noticiário destacava novidades na relação entre comerciantes e consumidores ("Pernambuco lança moda e vende carne por cartão de crédito"), mais notas indicando que os mexericos não saíam da ordem do dia. Numa delas, um flagrante sobre um dos atacantes atleticanos que era famoso por sua incursão nas baladas: "O jogador Campos, do Atlético, estava anteontem muito à vontade numa boate, às 2 da manhã. Desse jeito, vai longe. Oh, dor!" E no dia seguinte, outro drops no estilo veneno: "Causando furor numa das chamadas boates da pesada — a + Um — um travesti que tem enganado muita gente por aí. Realmente, um rosto bonito." Assim como o registro picante de 28 de novembro: "A nota alegre da semana, segundo os que fazem vida noturna em Belô, foi dada pelo Sr. Hugo Gouthier, que pagou cachê de 500 cruzeiros por um strip-tease numa boate da Rua da Bahia."

A picância sugestiva estava também na coluna de 27 de outubro, sem rodeio ou meios-termos: "Na abertura da mostra dos trabalhos da Sra. Waldette Prado, que estreia brilhantemente aos 73 anos, o pessoal não sabia se olhava para os trabalhos — realmente muito bons para uma pintora principiante — ou para a moça Narcisa Mascarenhas, transbordante de charme e uma beleza agressiva." Mas, por outro lado, espaço para microcríticas ao governo, mesmo sob um regime de exceção: "Falando de improviso quando da visita de Moura Cavalcanti a Belô, o secretário da Agricultura (Alysson Paulinelli) saiu-se com essa: 'Se realmente houver alguma inflação, ninguém pode culpar a agricultura como fonte inflacionária, porque ela é agente anti-inflacionária.' Falou... Mas, se houver, onde estará a fonte misteriosa?"

Assim, eram intercaladas informações sobre os giros da sociedade (ainda que ficassem mais raras) com outras de viés político, como em 28 de outubro. Não faltavam minúcias que garantiam peculiaridade às notas: "Muito bonito o casamento da moça Maria da Glória Meneses com o conhecido rapaz Antônio Geraldo Mendes — que muitos já acreditavam ter entrado no rol dos celibatários. A noiva usou modelo branco de zibelina. Bem sóbrio, com arranjos na cabeça. O toque diferente quem deu foi Antônio Geraldo, aparecendo de calça branca e blazer azul-marinho, sem gravata." Em destaque, a visita governamental ao sul de Minas, que seria cercada de cobranças: "Quando estiver em Poços de Caldas, o governador Rondon Pacheco deverá ter alguns problemas. É que, entusiasmada com a repercussão da instalação da energia elétrica no Jequitinhonha, uma comissão de São Pedro de Caldas irá procurar o governador e pedir o mesmo para a localidade."

Nada disso tirava do radar a perspectiva sobre investimentos em Minas Gerais. "Desde domingo na cidade um grupo de norte-americanos do poderoso conglomerado Fore Most. Estão em transa com os industriais Edésio Carneiro e Martius Jarjour Carneiro. No domingo à noite, acompanhavam e vibravam com show de Martinho da Vila. Principalmente com a mulata Miguelina", dava a pista em 31 de outubro. Para, dois dias depois, detalhar um futuro empreendimento: "A fábrica de celulose a ser construída em Belo Horizonte contribuirá para que o Brasil solucione, em parte, a falta do produto. Ela será a grande responsável pelas 5 milhões de toneladas que estão sendo produzidas no Brasil. Mesmo assim, essa cifra não atenderá ainda a toda a demanda."

Porém, o espaço para a delicadeza de pais e mães levando suas filhas ao altar seguia garantido. "O casamento de Leila Abras, uma bela morena, com o libanês Athiê Moutran, anteontem, na Igrejinha da Pampulha, reuniu as figuras mais representativas da colônia libanesa. A noiva foi pontual e estava bonita, num modelo branco de organza. O noivo em terno branco. Leila entrou com o pai, Chicri Abras, visivelmente emocionado", descrevia em 2 de novembro.

Do noticiário tradicional chegava a informação: "Soviéticos aperfeiçoam coração artificial com teste em cachorros." E na coluna, a rotina de furos de reportagem: "Há uma semana antecipei aqui que haveria algumas mudanças na Sunab em Minas. Agora, a notícia se confirma, com a anunciada mudança na direção do órgão. Oh, dor!" Além disso, a alfinetada na controvérsia entre autoridades estaduais: "Muito curioso o antagonismo de posições entre os secretários da Segurança e do Trabalho com relação aos mendigos de Belô. Enquanto Odelmo Teixeira diz que eles estão aumentando, Cícero Dumont afirma que estão diminuindo. Quem está com a razão?" E, naquele começo de novembro, mais projeções para as tendências da moda, já que ninguém era de ferro: "Os paletós deverão ter recortes, pespontos, martingales; voltam as calças com pregas, bolsos e barras marcados; nas cores, a sobriedade dos tons neutros. E, nos padrões, a discrição do piede de poule e do príncipe de Gales. Estas são as linhas básicas da moda masculina para o ano que vem."

O mundo, claro, não podia parar, ainda que a crise do petróleo se transformasse num componente explosivo dali para a frente, como indicavam as manchetes: "Governo estuda medidas contra racionamento e alta de combustíveis." Mas, para o bem e para o mal, Minas, sempre Minas, permanecia como assunto prioritário da coluna. "A exportação de botões de rosa de Barbacena atingiu neste ano quantidade inédita para a Europa e os Estados Unidos: 1,6 milhão, o que significa quase 10 milhões em cruzeiros. Espera-se que seja duplicada no próximo ano", contabilizava, para adiante criticar posturas rasteiras de certos empreendedores: "Verdadeira palhaçada foi feita por alguns empresários, entre eles gente de Minas, anunciando viagem a Bruxelas para a Brasil Export 73 sem terem saído do país. Expediente muito furado de promoção apenas para ganhar notinhas nos jornais."

Em 14 de novembro, colhia os louros por mais uma informação antecipada. "Há poucos dias noticiamos aqui que haveria uma ligeira crise no mercado de discos nacional devido à escassez do produto cloreto de polivinila, matéria-prima derivada do petróleo. Agora, jornais do Rio soltam a notícia como tremenda bomba." No dia 20 daquele mês, um puxão de orelha no deslumbramento de certos artistas plásticos. "Há muito pintor por aí, principalmente os iniciantes, completamente fora da realidade. Estão pedindo verdadeiros absurdos por seus quadros. Recentemente, em mostra de um deles, estreante teve a cara de pau de pedir 2.500 cruzeiros por um quadro. Claro que não vendeu."

À frente de seu tempo

Rubens Lessa Carvalho, presidente do Sindicato das Empresas de Transporte de Passageiros Metropolitano (Sintram)

Jornalista dedicado e extremamente competente, conheço Paulo Cesar de Oliveira, o PCO, há muitos anos. Foi precursor de iniciativas de vanguarda no jornalismo mineiro, nos diferentes veículos de comunicação pelos quais atuou. Ao longo de seus mais de cinquenta anos de carreira, sempre pautou seu trabalho pela ética, competência e seriedade, tornando-se rapidamente um profissional reconhecido e admirado em Minas Gerais e no Brasil.

Como repórter, PCO destacou-se pelo compromisso com a verdade e pelo jeito peculiar de narrar histórias. Com um olhar apurado e ouvidos atentos, por diversas vezes foi responsável por furos jornalísticos importantes, em uma busca incessante por levar informação completa e de qualidade aos seus leitores. Como colunista, consegue alinhar com maestria uma linguagem irreverente a análises complexas e pertinentes do cenário nacional.

Como empreendedor, tornou-se referência no desenvolvimento de produtos marcados pela inovação de formatos e credibilidade de conteúdos. Aliando modernidade e tecnologia à informação de qualidade, revelou-se um visionário no jornalismo mineiro.

Um homem à frente de seu tempo. Não por acaso, no comando da VB Comunicação, um dos mais importantes grupos de comunicação de Minas Gerais — responsável, entre outros, pela revista Viver Brasil, *o jornal* TudoBH *e pelo Blog do PCO —, nesta última década Paulo Cesar de Oliveira vem realizando um trabalho primoroso.*

Sua seriedade de apuração, aliada à habilidade com as palavras, faz com que os leitores se sintam parte das histórias relatadas. É um jornalista que sempre conseguiu exprimir com firmeza e credibilidade informações de relevância para a sociedade mineira.

Por todo seu trabalho em Minas Gerais, ao longo dos últimos anos, escrevo estas palavras de respeito e admiração. Com uma vida inteira dedicada ao ofício de repórter, PCO já deixou sua marca registrada no jornalismo mineiro.

Em pauta, as causas da cidade

Se em suas colunas PCO abria justo espaço para a diversão e arte, festas e conteúdos de política ou economia, havia vez também para o tom crítico sobre a necessidade de posturas mais afinadas com a cidadania — tanto do ponto de vista da população quanto do poder público. Abordagens sobre dramas na segurança, no trânsito ou na limpeza urbana volta e meia estavam presentes. Em 27 de novembro de 1973, não fazia rodeios: "Sem nenhum exagero, o belo-horizontino é campeoníssimo em jogar porcaria nas ruas. Quem suja não tem direito a reclamar." Já no *Diário do Comércio*, em 23 de janeiro de 1976, a dura constatação: "Quem passa pelas ruas de Belô continua vendo lixo por todo lado, apesar das severas recomendações do próprio governador Aureliano Chaves, quando de sua saída às ruas recentemente. A propósito, estou informado que o prefeito Luiz Verano e o secretário da Plambel, Hélio Brás, continuam sem se entender, em prejuízo da cidade. De uma vez por todas, é necessário saber com quem está o comando das coisas da cidade. O governo atual chega a um ano de trabalho e nossa querida Belô segue abandonada."

Três anos mais tarde, em 8 de maio, como colunista do *Diário da Tarde*, colocaria a nu mais uma vez o dilema da má educação: "Ora, vejam só: uma cidade que não possui sequer cestas de lixo em número suficiente (e as poucas que existem mal são usadas por seu povo, que se acostumou a jogar lixo no chão mesmo) decidir colocar sanitários públicos é realmente acreditar que, de repente, Belo Horizonte será habitada por lordes."

E circulando pela "night", o olhar revela encontros ainda cheios de protocolos conservadores e de "não me toques." Dependesse do colunista, mudariam por inteiro. "Estou torcendo para que a festa promovida por Norma e Thomé Palhares na sexta seja o início de uma nova vida social. Pôr fim de uma vez ao dondoquismo e partirmos para reuniões descontraídas e entrosadas, como foi o niver do Thomé. Fiquei surpreso, porque até os mais recatados conseguiram dar um toquezinho kitsch", celebrava naquele fim de novembro de 1973.

O mês de dezembro começaria com uma briga por causas mineiras, agora no campo esportivo, envolvendo o doping do atacante Campos, do Atlético, flagrado pelo uso de maconha no Campeonato Brasileiro. Paulo Cesar de Oliveira mostrava a guerra em que a questão havia se transformado: "O affair com o jogador Campos atingiu proporções de certa forma já esperadas. Segundo parlamentares na Assembleia, tudo não passa de um jogo da CBD — sem trocadilhos — para que o time mineiro perca pontos em detrimento da ascensão de times cariocas." Em 5 de dezembro, projetava um desfecho nada favorável à equipe atleticana: "Posso informar com absoluta segurança que o ministro Jarbas Passarinho, da Educação, não irá interferir no caso do jogador Campos, punido por doping. Mas o Atlético continuará, por outro lado, a pressionar a CBD [atual CBF] para conseguir uma reconsideração que permita a volta de seu craque a campo."

E os casamentos, ah, os casamentos, não passavam em branco. Como no dia 2 daquele mês: "O casório de Jannette Brandão e Aylton Cardoso, no Nacional, teve alguns requintes da maior categoria e originalidade. Na entrada dos noivos, as luzes se apagaram, ficando apenas focos de cores variadas em cima do altar. Evidente que foi bolação do irmão da noiva, Luis Otávio Brandão." Ou no dia 4: "O casamento de Patrícia Bernardi e Aquiles Leonardo Diniz foi o acontecimento de maior requinte deste ano. A mansão dos Bernardi, na Cidade Jardim, decorada por Ildeu Koscky, estava simplesmente maravilhosa com arranjos de flores e velas."

As informações em primeira mão seguiam como marca registrada da coluna. Como em 10 de dezembro daquele 1973, antecipando a indicação de Alysson Paulinelli para compor a equipe ministerial: "Fala-se muito que um mineiro irá ocupar o Ministério da Agricultura no governo do futuro presidente Ernesto Geisel. Depois eu conto." Ao mesmo tempo, driblando a censura, uma abordagem crítica sobre os aumentos de preços: "Realmente, o aumento do custo de vida preconizado pelo ministro Delfim Netto em 12% foi por água abaixo. Dados do Instituto da Faculdade de Ciências Econômicas de Porto Alegre acusam que o custo de vida lá, de janeiro a novembro, subiu quase 20%."

Em 16 e 19 de dezembro, a adoção do tom editorializado para cobrar o poder público sobre medidas consideradas inapropriadas ou diante da inércia frente a problemas crônicos: "Nada boa a decisão da Companhia de Distritos Industriais de implantar mais um polo fabril nas proximidades da Toca da Raposa, na Pampulha. Devem até sobrar razões técnicas para a iniciativa, esquecendo-se, todavia, de que a poluição será aumentada na área tão vizinha ao Centro de Belô. Às vezes, não dá para entender o tal progresso." E volta à carga quanto à precariedade das viagens aéreas via capital mineira: "O aeroporto da Pampulha continua sendo uma das vergonhas do belo-horizontino. Realmente eu não entendo por que as autoridades não fazem uma estação digna para os mineiros. Hoje Belô é um centro de convergência grande, tanto de industriais do mundo inteiro como ponto de partida para o turismo. E a primeira impressão é a que fica. Vamos agir, gente."

E para fechar o ano, moda, a velha moda: "Os mais radicais conservadores opinando a favor da manutenção da gravata nos trajes masculinos, principalmente no pescoço de nível mais elevado. Se a gravata for abolida, haverá uma revolução na vestimenta. Ela pede o complemento do paletó. Sem sua presença, veremos uma diversificação no conceito de apresentação do homem decente e sóbrio. Não haverá uniformidade."

No segundo semestre de 1974, a confirmação de que a promoção Destaques do Ano havia emplacado. De novo no Museu de Arte Moderna da Pampulha, teria agora o ator Cláudio Cavalcanti como mestre de cerimônias. A festa seria transmitida pela TV Vila Rica, repetidora da Bandeirantes, para Brasília e Rio de Janeiro.

Os premiados eram os seguintes: Nacional: Jorge Feijó, presidente do Grupo Vitória-Minas, e de empresas de aviação, publicidade, turismo, crédito imobiliário; Indústria: Alexandre Diniz Mascarenhas; Comércio: Antônio Martins de Araújo; Finanças: Vicente Araújo, presidente do Grupo Mercantil; Educação: Agnelo Correa Vianna, secretário de Educação; Saúde: Oswaldo Costa; Direito: desembargador Carlos Fulgêncio da Cunha Peixoto; Administração pública: Lúcio Assumpção, secretário da Fazenda; Literatura: Ayres da Matta Machado; Artes: Yara Tupinambá; Música: maestro Roberto de Castro; Teatro: Neuza Rocha; Turismo: deputado Lourival Brasil; Esporte: Anacy Ribeiro, diretor da Globo Minas; Assistência social: Célio Trópia; Jornalismo (póstuma): Paulo Tarso de Souza Lima, Fernando Morais e Wagner Farias.

Em 8 de dezembro, descreveria: "Dois fatos emocionantes marcaram a entrega dos troféus aos Destaques do Ano, no Museu de Arte Moderna. O primeiro foi a chegada do maestro Roberto de Castro (que está enfermo) numa cadeira de rodas para receber o troféu no setor de música. O segundo foi a entrega aos familiares dos três repórteres da Rede Globo que ganharam como homenagem póstuma a Láurea da Comunicação."

Em 9 de outubro de 1974, a marca registrada dos furos de reportagem: "Confirmada informação de primeira desta coluna: o Bemge adquiriu o controle acionário da Pró-Goiás Crédito, Financiamento e Investimento." E no dia seguinte, uma aposta de quem punha fé na capacidade de apuração jornalística: "Podem me cobrar quando Aureliano Chaves anunciar o secretariado: o economista Luiz Rogério Mitraud, ex-sub da Secretaria da Fazenda, será o secretário do Planejamento."

Como as colunas sociais são uma espécie de recorte de costumes, a nota de 11 de outubro é emblemática nesse sentido ao destacar a inexistência das então comuns alas masculinas ou femininas num dos eventos da cidade: "Extremamente simpático o jantar que o também simpaticíssimo casal Sônia e Abdala Makaaroun ofereceu a um grupo entrosado e alinhado. O papo da noite realmente muito inteligente, passando da situação internacional até problemas domésticos. O mais interessante é que não houve a divisão tradicional de homens de um lado, mulheres de outro."

E no campo político, os detalhes de bastidores que só um colunista que experimentava o amadurecimento teria a naturalidade de veicular: "Realmente engraçado: determinado elemento do atual governo está lutando com unhas e dentes para permanecer. Marcou jantar para hoje e anunciou a presença de Aureliano Chaves. Acontece que hoje o futuro governador —

é o que consta do programa divulgado — estará em Barão de Cocais. Oh, dor!"

Na mesma página, a presença do jornalista Marcos Souza Lima, que nos anos 1960 abrira a porta do colunismo a Paulo Cesar de Oliveira, no *Jornal da Cidade*. Ele agora assinava a coluna Roteiro da Noite. Para dar um refresco, lá estavam os dilemas sobre a moda, como em 13 de outubro: "Os vestidos de Jean-Louis Schrerrer são a maior novidade em Nova York: superousados, com decotes que parecem não ter fim e transparência ao máximo. Tudo com muitos bordados, rendas douradas e um ar dos Twenties." E, com certo recato, uma nota sobre mexericos dias à frente: "Apesar de não sermos muito de fofocas, vai causar furor uma separação que está para acontecer com um casal conhecidíssimo da sociedade." Ou, como em 19 de outubro, uma descrição típica para aguçar a curiosidade do leitor sem desfazer a cortina de mistério: "Quem era aquela figura deslumbrante que estava ontem no Alhambra, o restaurante das personalidades, fazendo o maior sucesso e deixando a gente de cuca fundida? Morena escultural, de olhos verdes."

Na página em que é veiculada a coluna, saltam especialmente propagandas publicitárias de aparelhagens de som então modernas, como as vitrolas toca-discos portáteis. E um jargão comum precedendo as informações que tinham caráter de exclusividade. Em 20 de outubro, um exemplo: "Tomem nota: o governo federal, por sugestão do governo do Estado, vai mandar tombar vários prédios em Belô. Entre eles posso adiantar alguns, como o Museu de Arte Moderna, a Casa do Baile e algumas outras obras de Niemeyer."

E os adeptos do politicamente correto certamente iriam da irritação ao protesto diante da novidade francesa para conquistar certa freguesia masculina, apresentada em 24 de outubro: "Paris — onde estarei no sábado a convite da Air France — já lançou novo sistema para atrair fregueses nas engraxatarias populares. Moças recepcionistas-engraxates com micros-saia e com o busto inteiramente de fora. Os homens, que fazem fila para dar brilho nos sapatos, não podem conversar com elas, a não ser sobre serviço. Chato, né?"

No começo de novembro, mais uma vez o noticiário exclusivo: "Tomem nota: conhecido banco de origens mineiras, mas que hoje tem suas sedes em São Paulo, está se associando a poderoso grupo inglês. Os primeiros contatos foram iniciados e as negociações estão bem encaminhadas. Depois revelo o nome do grupo." E outra, que teria amplitude nacional, embora focada nas ações para Belo Horizonte diante da escassez de petróleo: "Notícia que dei em primeira mão anunciando a chegada a Minas de comissão interministerial que estudará com o governo medidas para economizar combustíveis pode ser agora completada com a seguinte informação: serão 21 as medidas. Uma delas poderá ser brevemente adotada em Belô, a volta dos saudosos nostálgicos pontos fixos de táxi."

Enquanto a sensação nos cinemas era a anunciada estreia de *O exorcista*, Paulo Cesar de Oliveira mostrava que a noite na capital mineira tinha boas novidades, mas também armadilhas: "Belô hoje tem uma casa noturna com músico ao vivo à altura de São Paulo e do Rio. O responsável é Célio Balona, seu órgão eletrônico e belíssima voz. Refiro-me ao Scotch-Bar 14 Bis, que ontem estava numa noite quente de animação", festejava. Mas, no dia seguinte, o lado obscuro que enfrentavam aqueles que saíam para se divertir: "Ninguém protesta e ninguém mais toma providência, já que é praxe de certas casas, especialmente boates, servir uísque falsificado. Bobo é quem ainda acha que pode tomar um escocês legítimo em determinados lugares."

A abordagem analítica sugeria a percepção de um sintoma que parece não ter se desgrudado da sociedade brasileira: o desencanto com a política. Como registrava em 9 de novembro, quando volta a ter o cronista Márcio Rubens Prado como companheiro de página: "Sem os comícios dos velhos tempos, sem aquela acalorada animação, o eleitor vai e deve cumprir seu sagrado dever em silêncio, bastante desinteressado, não confiando nas plataformas vazias daqueles que surgem a cada época com as fórmulas mágicas para transformar as amarguras da vida em doces momentos eternos das histórias de 'era uma vez'."

Nos cadernos de Cultura, o filme *Ainda agarro essa vizinha*, com Adriana Prieto e Cecil Thiré, era saudado como uma chanchada de bom nível. Em sua coluna, Paulo Cesar de Oliveira confirmava o bom trânsito quanto às novidades nos mercados financeiro e publicitário. Em 14 de novembro, indicava: "Em São Paulo comenta-se à boca pequena que conhecido banco de mineiros estaria sendo transacionado com um poderoso grupo financeiro." E cravava uma semana depois: "A MPM Propaganda acaba de tomar uma decisão: vai entrar no mercado mineiro pra valer, inclusive disputando contas locais. Seu diretor em Minas é o jornalista Sérgio Neves. Para quem não sabe, a MPM detém algumas das principais contas do mercado brasileiro: Banco do Brasil, Caixa Econômica Federal, Loteria Esportiva e Serpro."

Na política, um olho no gato, outro no peixe. Revelava os bastidores do futuro governo Aureliano Chaves, mas avaliava também a vitória avassaladora da oposição nas eleições legislativas. Em 16 de novembro, assinalava sobre Aureliano:

"Ao despachar com o presidente Geisel, falou rapidamente das eleições, preferindo reivindicar para Minas o direito de ser o núcleo da expansão siderúrgica nacional e a base do polo de fertilizantes." No dia seguinte, prenunciava mudanças radicais no parlamento, numa época em que as cédulas de papel transformavam a apuração de votos numa longa novela: "Os primeiros resultados nas eleições para o Senado davam uma nítida vitória para o candidato oposicionista Itamar Franco. Em São Paulo, a oposição tanto para o Senado, Câmara e Assembleia estava faturando alto, inclusive no interior. Está parecendo que vamos ter muitas surpresas."

Na contagem regressiva para a formação da equipe do governo Aureliano Chaves, nomeado por Brasília, a revelação em tom irônico da peregrinação ao décimo andar do prédio do Banco de Desenvolvimento, onde ele passara a despachar. "Impressionante o número de currículos que têm chegado ao escritório do futuro governador. Até ontem, eram mais de 2 mil os pretendentes a cargos públicos. Isso é sinal de que o mineiro está ficando mais cara de pau. E o mais engraçado é que pessoas que ficam no corredor à espera da hora de falar com Aureliano não dão o braço a torcer. Nenhum marcou audiência. Todos foram 'chamados' pelo futuro governador. Oh, dor!"

Em 15 de dezembro, com o filme *Serpico*, com Al Pacino, sendo um dos destaques dos cinemas, a coluna questionava o fato de Belo Horizonte não ter ainda uma casa noturna de impacto. "São Paulo ganhou nesta semana uma boate melhor que a Hypopotamus de Nova York e que leva seu nome. Seu proprietário é Ricardo Amaral e tem como sócio (30%) o dono da de Nova York. A propósito, quando Belô ganhará uma boate frequentável pelos casais e que possa ser chamada de nível

A?" Dois dias depois, chama a atenção para a possível incoerência de programa voltado à ampliação da rede hoteleira em Ouro Preto. "Agressão à paisagem, é como definem Burle Marx e Alfredo Viana de Lima (consultores do Plano de convenção, valorização e desenvolvimento da antiga Vila Rica) os projetos de construção de novos hotéis e pousadas na cidade. Acontece que o empreendimento foi anunciado pelo Governo de Minas como um grande impulso turístico para o estado. Durmam com um barulho desses."

E os mexericos, que jamais perdem o glamour se tratados na medida certa, despontavam tanto em 18 quanto em 31 de dezembro de 1974. "Incrível, mas é verdade: sábado, em uma das boates da cidade, a People, houve um verdadeiro rififi, obrigando a todos a se retirarem de dentro da casa. Sabem quem eram as personagens? Duas conhecidas meninotas da nova geração, tidas como elegantes. Oh, dor!" A segunda mexia com o imaginário: "Comenta-se que conhecido mineiro — hoje voando alto na área federal — estaria em vias de desquitar-se. Parece que o faturamento lhe subiu à cabeça e as cariocas deixaram-no atormentado. Oh, dor!"

Para fechar aquele ano, uma subida de tom, com direito a drible da censura, diante do fantasma inflacionário e da perda de renda no país: "O brasileiro vai entrar o ano com uma série de aumentos que irá repercutir no bolso, como a gasolina, que terá acréscimo de 17%. Apesar disso, o ministro da Fazenda, Mário Henrique Simonsen, afirma que o Brasil terá um bom desenvolvimento e a vida dos assalariados será bem melhor..."

Grandeza digna dos mestres

Gustavo Cesar Oliveira

Meu pai conserva no tempo e na vida a grandeza digna dos mestres. Dos seres que inspiram, que se destacam pelas qualidades, que formam legião de amigos e admiradores pela capacidade de superação, disposição pra vida. Aqueles que acumulam riqueza do realizar, viver pra fazer, fazer pra viver. Meu pai é o capitalista mais socialista que conheço. Independentemente das circunstâncias, dissolve o coração e compartilha amor. Casca dura, apanhou, apanha da vida. Bate, rebate, aprende, cresce, vence e segue conectando relações que constroem Minas e o Brasil.

Em mais de sete décadas de vida, trilhou um caminho cheio de realizações. E muito trabalho. Sempre apreciou o que há de melhor, seja no que diz respeito a pessoas, lugares ou produtos. Refinado. E pra pagar o preço, rebolou. A despeito do momento, superação sempre foi princípio, meio e fim. Tomou bordoadas fortes da vida. Teve seu corpo machucado algumas vezes, sempre manteve a alma e seu espírito de luz como proteção às dificuldades terrenas. Forte, quebraram sua perna e não conseguiram derrubá-lo. Sofreu um susto no coração quase aos 51 do segundo tempo, depois de completar seu cinquentenário. Costurou e desentupiu o que devia e seguiu a vida.

Conquistou novos espaços, circulou no mundo, se posicionou no Brasil. Tem Belo Horizonte como sua base e dedicação de vida. Gosta da cidade, das pessoas e sabores. Foi em Montes Claros que conheceu minha mãe. Antes de se formar como profissional, voltou a morar em BH. Tanto eu como o Paulinho, meu irmão, nascemos belo-horizontinos. Em janeiro de 2019, chego a meus 40 anos. Como a maior parte de pais e filhos, passamos por uma série de questio-

namentos, discussões, conversas e ensinamentos que nos guiaram até aqui. Sou grato ao mundo. Sou grato a Deus por ter dado a mim a oportunidade de chegar aqui com um pai que me representa.

Eu amo meu pai como poucos seres nesse mundo amariam um pai. Além de me reconhecer com a mais nítida visão nele, sei que dele carrego uma série de partes – visíveis ou não. Sou grato a isso, sou e sempre fui fã. Portanto, nessa nova passagem, desejo luz na estrada e muita disposição para os próximos tempos. Tenho satisfação e orgulho nas escolhas que fiz ao lado dele. E agradeço por cada um dos caminhos que estamos trilhando juntos. E dos tantos outros que percorreremos, construindo conexões e desenvolvimento.

Casa nova, novos desafios

O ano de 1975 marcará a mudança do *Diário de Minas* para o *Diário do Comércio*, um jornal mais voltado ao noticiário de economia. O *DM* havia sido vendido para o grupo Vitória-Minas e, no cenário de incerteza, lá se foi Paulo Cesar de Oliveira para a nova casa. A redação funcionava no Centro, num prédio da Rua Rio de Janeiro, esquina com Caetés. Aportou no *DC*, uma publicação então com 44 anos, a convite do próprio dono, o jornalista José Costa. "Foi ele quem alimentou o espírito empreendedor presente em mim", revela o colunista, que entre 1976 e 1978 viveria a experiência também no posto de gerente comercial.

Já na estreia de sua coluna, a Paulo Cesar Informa, em 22 de julho de 1975, houve naturalmente mais ênfase às notas econômicas e ligeira ampliação das de caráter político. Assim, as de viés social perderam relevância, embora não tenham desaparecido. Ele estreava com uma informação exclusiva: "Tome nota: depois de marchas e contramarchas, a direção da Krupp resolveu aceitar as restrições feitas pelo Conselho de Desenvolvimento Industrial do Ministério da Indústria e Comércio com relação ao projeto que será implantado em Minas."

E na esteira da implantação da Fiat, PCO é um dos que assumem a defesa de Minas Gerais em reação a um verdadeiro movimento de guerra dos sindicatos industriais paulistas. Em 23 de julho, publica texto editorial em que aponta como justas as razões do então secretário do Planejamento, Paulo Camilo de Oliveira Penna, em reagir com dureza à pressão para que fábricas de autopeças se instalassem em São Paulo, e não na região de Betim para atender a montadora italiana. "O certo é que as indústrias devem ir para onde houver condições para tal: mão de obra especializada e em formação, clima. Não quero defender que tudo venha para Minas, mas que as autoridades ponham um ponto final nesse bairrismo desenfreado, nocivo para o desenvolvimento do Brasil", pregava Paulo Cesar. Era um contra-ataque às posições do então presidente do Sindipeças paulista, Luiz Eulálio Bueno Vidigal.

O assunto voltará à tona algumas vezes, como em 24 de agosto, quando a coluna condena ações políticas supostamente tomadas para favorecer os paulistas: "É necessário que o governo estadual se posicione de uma vez por todas junto ao governo federal — no caso, o ministro da Indústria e Comércio — para que não ocorram fatos como o da última quarta-feira. O Conselho de Desenvolvimento Industrial do MIC veta incentivos para projeto industrial de autopeças em Minas Gerais e no dia seguinte o próprio é obrigado a aprová-lo por analisar que o veto foi meramente por questões políticas. Quiseram revidar a ação política do governo mineiro diante dos cartéis paulistas. A hora é de uma tomada de posição."

Aos domingos, passa a ter uma coluna mais voltada para os eventos sociais, que seria como uma síntese dos principais acontecimentos da semana, a Sete Dias. Como novidade, traz a foto do colunista, que incorpora o sobrenome Oliveira e agora conta com uma página inteira à disposição. Além disso, empresta destaque a uma de suas bandeiras, o Aeroporto da Pampulha: "Já se vão alguns anos que nosso aeroporto é aquela gracinha. Quem chega fica estarrecido ao ver a terceira cidade do país com o aeroporto naquele estado."

Até o fim daquele mês de julho de 1975, colecionaria mais alguns furos de reportagem. "Tome nota: está para se confirmar informação dada por este colunista há alguns dias. A encampação de pequeno banco por outro de porte médio, o Agrícola de Minas Gerais. As negociações estão bem adiantadas, apesar dos desmentidos." O fato seria validado posteriormente. "Confirmada notícia dada em primeira mão nesta coluna: o Banco Comercial Apli foi adquirido pelo grupo do Banco Agrícola de Minas Gerais. A propósito, quando dei esta notícia, tentaram desmenti-la." A convicção estaria presente da mesma forma quanto a investimentos na área da Sudene. "Tome nota: mais alguns dias e virá a público a transação que está sendo realizada pelo industrial Hindemburgo Pereira Diniz e um grupo de italianos. Ele está adquirindo o controle acionário da Italtel, indústria de componentes eletrônicos. Com isso, a Transit, de

Montes Claros, aumentará sua produção. Em grande estilo."

Com mérito, PCO capitalizava os furos de reportagem, como em 20 de agosto: "Confirmadas as informações de primeira mão do seu *Diário do Comércio* e desta coluna com relação à nova diretoria da Açominas. Há mais de vinte dias, informamos sobre a escolha do engenheiro Marcelo Moacélio Mendes para a presidência da nova siderúrgica. E poucos dias atrás, noticiei a escolha de Átila Godoy e Jouve Camisassa como diretores." E não deixava de fazer uma sutil provocação até mesmo aos chamados jornalões, que vinham na esteira do conteúdo que publicara, como registra em 5 de setembro: "Jornais de circulação nacional confirmando informação de uma semana atrás desta coluna: o projeto da Vale do Rio Doce da Cia. Bozzano-Simonsen para exploração das minas de Itabirito."

E se a economia mineira estava de olho na futura instalação da Fiat em Betim, a coluna cuidava de vigiar os passos da montadora italiana. No início de setembro, PCO revelava: "Notícia em primeira mão: dentro da maior surdina, já estão circulando pelas estradas brasileiras cerca de quarenta Fiat 127 — modelos semelhantes aos que serão fabricados em Betim — em testes definitivos para seu uso no Brasil. Os carrinhos desembarcaram no início da semana e foram para os mais diversos recantos do país. Técnicos brasileiros em treinamento na fábrica de Turim participaram da montagem desses veículos."

Quem acompanhava a coluna saberia primeiro também, em 2 de fevereiro de 1976, detalhes sobre a operação financeira direcionada à empresa: "Só ontem os jornais locais e nacionais anunciaram o empréstimo de 300 milhões que a Fiat Automóveis está contraindo com bancos europeus. Esta informação foi passada aos leitores desta coluna no *Diário do Comércio* há quarenta dias. Em grande estilo." Da mesma forma, a visita surpresa de Gianni Agnelli, o homem que transformou a Fiat numa potência mundial, à planta da Região Metropolitana de Belo Horizonte: "Exclusiva: o italiano Gianni Agnelli — que está no Rio participando de reunião anual do comitê consultivo do Chase Manhattan, formado por alguns dos maiores bigshots mundiais — desce amanhã cedo na Pampulha num jatinho da Líder. Ficará em Belô o suficiente para dar um pulo à sua Fiat, a fábrica de Betim, e almoçará reservadamente com o governador Aureliano Chaves no Palácio da Liberdade", antecipava em 19 de maio de 1976.

Na versão mais society, a coluna Sete Dias cuidava de não deixar de lado os eventos tipicamente festeiros. Em 14 de setembro, ele anotava, numa inclinação que remetia a Ibrahim Sued: "O casamento de Helena Machado — usando um modelo branco com tecido vindo de Paris — com o rapaz Maximiliano Hermeto, na capela do Noviciado da Santíssima Trindade, provocou um agradável encontro social político dos mais prestigiados. Os pais dela — Aparecida e Abílio Machado Filho —, ambos muito elegantes, após a cerimônia ofereceram champanhe e bombons no salão da capela."

E no dia a dia, seguia com as abordagens de noticiário exclusivo, fosse sobre a construção da sede do Banco Central no Bairro Santo Agostinho, vizinho à Assembleia Legislativa, ou quanto à fusão das bolsas de valores de Minas e Brasília. Ou ainda a compra da usina de Barão de Cocais, do Grupo Bozzano-Simonsen, pela Cimetal Siderurgia. Muitas das notas retratavam um tempo em que a tecnologia avançava, como no setor de telefonia, então sob controle estatal. Vistas sob o prisma atual, as inovações soariam quase infantis. "Primeira mão: a Telemig

— em fase de franca expansão — lança entre novembro deste ano e agosto de 1976 uma série de serviços para os assinantes de Belô. O primeiro será o despertador. E virão ainda informações sobre loteria esportiva, filmes em cartaz nos cinemas, hora certa", informava em 26 de setembro.

Mostrando que o jornalista, quando tem estrela, chega a esbarrar na notícia, Silvio Santos seria destaque nas colunas de outubro em dois momentos. O apresentador projetava negócios na capital mineira, no dia 11 daquele mês: "Anotem: emissários do grupo Silvio Santos estiveram nesta semana em Belô visitando três concessionárias Volks: Catalão, Veminas e Carbel. Em São Paulo, ele possui uma das principais revendedoras do estado. O grupo está interessado em entrar em Minas. E fará proposta a uma das revendas visitadas." No dia 31, depois de um encontro fortuito no aeroporto do Rio de Janeiro, reproduziu-se um diálogo em que o futuro empresário antecipava seu caminho na televisão: "No terminal doméstico do Galeão encontrei o Silvio Santos embarcando para Porto Alegre. E num papo de mais de meia hora, ele afirmou a esta coluna que dentro de no máximo oito meses seu canal 11, do Rio, estará no ar. Disse mais: 'Você pode estar certo de que vou surpreender a todo mundo que não vê condições para eu ter a minha rede de televisão.' Sobre seu programa, então exibido em outra rede, foi positivo: 'Sou empresário antes de artista. Se for para o meu canal, irá ao ar. Caso contrário, não.'"

No setor siderúrgico, o caráter de exclusividade se acentuava. Em 24 de outubro, Paulo Cesar de Oliveira antecipava: "Foi definitivamente acertada a composição acionária da Açominas, que repasso em primeira mão: a Siderbrás terá 45%; o governo de Minas, 20%; a Cia Vale do Rio Doce, 20%, e os grupos estrangeiros poderão participar com 15%." Em 7 de janeiro de 1976, emendava: "Os jornais de circulação nacional confirmaram ontem informação que esta coluna deu em primeira mão: o capital da Usiminas passa mesmo para o controle da Siderbrás. Aliás, um dos motivos que levaram Amaro Lanari a anunciar sua saída da presidência depois de quinze anos." Por fim, o arremate, em 27 de março de 1976: "Somente nesta semana é que os jornais andaram noticiando a escolha do ex-governador Rondon Pacheco para a presidência da Usiminas, enquanto esta coluna informou aos leitores em primeira mão, em 10 de março."

Se o foco era economia, com um olho também na política, as nuances sobre a cidade não passavam em branco, como indica registro de 6 de novembro: "Não adianta: ontem à tarde, vi uns quatro carros oficiais, chapa branca, transitando pelo Centro com crianças e empregadas. Que não deviam estar a serviço de nenhum órgão oficial. E a decantada contenção de combustível pelo estado, como é que fica? Com a palavra as autoridades competentes." No campo da gastronomia, assinalava dois meses depois, sob tom crítico: "Belô ganhou de fato um restaurante que serve somente a comida típica mineira, a Casa dos Contos, na Savassi. Inaugurada recentemente, está servindo pratos bem temperados. Se continuar como está, terá vida longa, pois o mal de muito restaurante em Belô é simples: começa bem, e depois que sua cozinha tem movimento, vai abaixo do zero." Ao fim de 2018, estava lá o restaurante de pé.

Em dezembro, a coluna no *Diário do Comércio* passa a levar a fotografia de PCO, uma imagem em negativo estilizada, e muda a tipologia de apresentação. Enquanto o noticiário detalhava os primeiros passos dos fabricantes de carros elétricos e o cinema estrelava produções como *The Way We Were*, com Barbra Streisand e Robert Redford, e *Perdidos na noite*, com John Voight e Dustin Hoffman, o colunista seguia como uma espécie de cronista de sua cidade e de seu tempo. Em 13 de janeiro de 1976, revelava sobre a passagem de uma cantora que dava seus primeiros passos na carreira profissional, aos 19 anos. Com direito a uma cena de paquera: "A boate Café Soçaite tem ganhado aos sábados uma animação fora de série, parecida com as casas noturnas do Rio. Show de Fafá de Belém — ela ganhou um drinque do cotado rapaz Moacyr Carvalho de Oliveira Filho — foi muito bom, com excelente interpretação da música 'Quero que Tudo Vá pro Inferno'. Muito sexy." A paraense começava a ganhar projeção a partir da inclusão de uma de suas canções, "Filho da Bahia", na trilha sonora da novela Gabriela, da Rede Globo.

Em março, foi a vez de acompanhar uma estrela que figurara na prateleira de cima da MPB, mas cuja curva já estava na descendente. E detalhava os tristes efeitos do alcoolismo: "Fui conferir a nova Casa do Baile. Algumas falhas sanáveis: demora de garçons, gente em pé na hora do show de Maysa. O show, aliás, é bom, apesar de ser melhor curti-la nos discos. Sua presença anda meio decadente — o charme continua —, talvez motivada pela bebida. Naquela tarde, soube que bebeu duas garrafas de conhaque. Anda tão desligada que se esqueceu da roupa para o show, mas conseguiu uma emprestada. Sua interpretação de 'Se Todos Fossem Iguais a Você' é de deixar a gente arrepiado."

À medida que o país atravessava seus piores dias de asfixia democrática, surgiam as janelas para as críticas diretas aos governantes de plantão ou aos caciques partidários do regime militar. Em 20 de fevereiro, PCO espetava: "Não pegou bem para o presidente nacional da Arena, Francelino Pereira, ter 'convidado' os jornalistas a se retirarem — com a ajuda de elementos de segurança — da reunião do ministro Armando Falcão (Justiça), anteontem, no Palácio da Liberdade. Uma medida um tanto quanto inábil. Oh, dor!" Agora dividindo a página com o também colunista José Lopes, apontava o desgaste do partido governista com a administração da capital mineira: "O quadro político em Belo Horizonte não é nada favorável à Arena e a situação preocupa a direção partidária. Tanto é que haverá uma superseleção de nomes para disputar cadeiras na Câmara Municipal, para fazer frente ao MDB, cada dia mais fortalecido com as atitudes do prefeito Luiz Verano."

Em março, duas reprimendas ao total desapego do governador Aureliano Chaves quanto ao protocolo da pontualidade. No dia 19, revelava: "Está repercutindo mal a falta de horário do governador Aureliano Chaves. No dia da assinatura do convênio entre a Transit e a SGS-Ates, marcado para as sete da noite, apareceu com uma hora de atraso. A propósito, as audiências no Palácio dos Despachos têm sofrido, em média, uma hora de atraso. Será que assessores ainda não o alertaram para o fato?" Quatro dias depois, uma segunda estocada: "Semana passada eu dizia aqui da impontualidade do governador Aureliano Chaves em seus compromissos, que já vai passando para o hábito, o que é mal. Não é que na homenagem que a Fiemg lhe prestou, no Encontro da Produção, ele chegou com duas horas de atraso!"

E quando a abordagem era moda, nem sempre as preferências do colunista, assumidamente ancoradas no saudosismo, fechavam com as tendências. "A maré não está para peixe se o assunto é roupa de mulher. Virou verdadeira fantasia. Linha chinesa, calças com bocas apertadas (um horror) e amarradas no tornozelo. Sobrancelhas bem arqueadas. Sombra vermelha, roxa, boca bonina. Vestidos amontoados uns sobre os outros, na linha camponesa ou folclórica. Está indo embora a fase romântica dos drapeados. Um horror para nós, homens", assinalava em 3 de abril.

Na segunda quinzena daquele mês, mais uma mudança na logo da coluna. Sai o retrato, entra um bico de pena feito pela artista plástica Esthergilda Menicucci. O formato duraria pouco, dando lugar ao recurso da foto tradicional em 17 de julho. A marca das informações exclusivas, porém, seguia em alta, fosse quanto a assuntos da cidade, do estado ou do país. Em 27 de abril, Paulo Cesar de Oliveira acrescentava mais um a sua coleção de furos jornalísticos: "Os jornais nacionais confirmaram ontem um furinho desta coluna mais de quatro meses atrás sobre a criação de uma zona industrial brasileira no Porto de Havre, na França, que vinha sendo transada pelo embaixador Delfim Netto, como revelei a vocês."

Na Fórmula 1, a Tyrrell lançava seu revolucionário, mas nada eficiente, carro de seis rodas. E PCO, em estilo profético, detalhava a conversa com um dos futuros governadores de Minas Gerais, em 27 de maio: "O prefeito de Contagem, Newton Cardoso, afirmava anteontem, na Fiemg: 'Vou ser candidato ao governo de Minas pelo MDB. E o senador Itamar Franco quer ser o meu vice. Tenho dez deputados federais e alguns estaduais querendo me apoiar.' E disse mais: 'Vou ganhar.' Falou, bicho!" As eleições diretas só ocorreriam a partir de 1982, e Newton Cardoso de fato se elegeria, sucedendo Hélio Garcia em 1986, pelo PMDB.

Em julho de 1976, mesmo mês de inauguração da Fiat, Paulo Cesar de Oliveira assumiria a gerência comercial do *Diário do Comércio*. "Quando foi lançar o *Jornal de Casa*, o José Costa me convidou para o cargo." O *Jornal de Casa* se transformaria num fenômeno de mercado, um semanário com 120 mil exemplares e distribuição gratuita, antecipando uma tendência. Trazia reportagens sobre comportamento, moda, cultura e serviços para lá de relevantes e a programação semanal completa da TV fechada, quando essa figurava como o grande meio de entretenimento no Brasil, mas suas atrações tinham divulgação precária. "Defino essa passagem como um aprendizado que nunca experimentara", sintetiza PCO.

Em seu estilo profético, antecipava a decisão de nível federal que sepultava de vez o sonho de os brasileiros votarem diretamente para a escolha de seus governadores, naquele que seria o último pleito estadual indireto sob a tutela do regime militar. "Tomem nota: os postulantes ao governo do Estado podem guardar esta informação e cobrarem na época oportuna. As eleições de 1978 serão indiretas, apesar de a Constituição dizer que serão diretas, ou seja, pelo voto popular", registrava em 10 de julho. Em 11 de novembro, voltava ao tema com outro furo, daquela vez revelando quem seria o futuro governador: "Se as eleições em 1978 para os governos estaduais forem mesmo indiretas, o nome para ocupar o Palácio da Liberdade, com a vitória da Arena no país, estará certinho desde já: o deputado federal Francelino Pereira, atual presidente nacional da Arena."

Um ano marcante

Se há anos marcantes em nossa vida profissional, 1978 seguramente segue figurando como emblemático. Foi quando meu saudoso amigo Camilo Teixeira da Costa me convidou para os Diários Associados. Nesta época, eu trabalhava no *Diário do Comércio*, onde conciliava uma coluna diária com uma semanal no *Jornal de Casa*, além de gerenciar ambos comercialmente.

Quando comuniquei ao José Costa, dono dos jornais, sobre a minha saída, ele foi surpreendentemente compreensivo e generoso. Não me esqueço do que me disse: "Vá com Deus, tenha sucesso como teve aqui, e as portas estarão sempre abertas para você." Não é por acaso que mantenho ótima relação com Luis Carlos Costa, filho do fundador, que preside o *DC*.

Fato é que, depois de minhas conversas preliminares com o Camilo, acertou-se que eu editaria o caderno Fim de Semana no *Estado de Minas*, algo no conceito variedades, e teria uma coluna diária no *Diário da Tarde*, onde fui muito bem recebido pelo seu então editor, Fabio Doyle. No *EM* houve um foco de resistência, mas como o meu padrinho era o Camilo, os que pensavam em criar animosidades tiveram que se render. E eu, estrategicamente, fazia como se não soubesse de nada. Foram 22 anos, até que um dia me convidaram a me retirar.

Me recordo que, quando montei o caderno Fim de Semana, levei para trabalhar como meu subeditor o saudoso Fernando Telles, que ficou comigo por 12 anos e, saindo, foi substituído pela excelente jornalista Mirtes Helena. Dentre as tantas inovações, criei uma coluna sintonizada com a vida efervescente da capital mineira, a De Bar em Bar. Convidei para fazê-la o Carlos Gropen, que era representante da Cinzano em Minas. Foi um sucesso, a ponto de ser mantida depois que deixei o EM.

Gropen teve seu lado empresário e montou a Adega do Gropen. Vendia bons vinhos numa época em que ainda não havia a febre por essa bebida. Foi um precursor. Além de trabalharmos juntos, criamos uma amizade que me levaria a ser também amigo do seu filho, Rodolfo Gropen, hoje um dos advogados tributaristas mais conceituados do país. É a amizade de pai para filho. Gropen e Rosa tiveram quatro filhos. Quando o câncer o levou, em 2012, os filhos estavam todos encaminhados, como era seu desejo: o advogado Rodolfo Gropen, o médico Carlos Gropen Jr. (há muitos anos em Brasília, com posição de destaque), a dentista Rosana Gropen e a advogada Renata Gropen.

Num dos episódios dos quais me lembro com imenso carinho está um jantar que pediu a mim para que fosse feito em meu apartamento, em Belo Horizonte. Receberíamos duas figuras do jet-set internacional, a herdeira da Cinzano, Noemi Cinzano, que gostava tanto do Rio a ponto de ficar longas temporadas por lá, e o herdeiro da Chandon, o conde Fred Chandon. Poucos entenderam como foram parar no meu apartamento. Muita gente importante, na verdade, gostaria de tê-los recebido. Mas, graças ao Gropen, a honra de acolher as celebridades coube a mim. O coquetel estava programado para ocorrer das oito às dez, já que em seguida teriam uma recepção numa boate que promovia o lançamento de uma marca de vinho. Fato é que amaram tanto o clima lá de casa que só saíram já no começo da madrugada. Num tempo em que festas tinham um sabor pra lá de especial.

Desafios renovados

A presença no *Diário do Comércio* dura até agosto de 1978. Se ali reforçara o perfil de apuração refinada — "Uma vez repórter, sempre repórter" — e estabelecera o primeiro marco como gestor em sua carreira, nada melhor do que novos desafios para reafirmar a condição de excelência no trato do jornalismo. Assim, aceitou o convite do então diretor-executivo dos Diários Associados, Camilo Teixeira da Costa ("que viria a ser um grande amigo"), para que fosse responsável pela edição de um suplemento domingueiro no jornal *Estado de Minas* e assumisse uma coluna no *Diário da Tarde*, o vespertino do grupo. Uma reunião em Belo Horizonte, no prédio da Rua Goiás, no Centro, onde ficava a redação, e outra em São Paulo. No retorno, o acerto dos últimos detalhes com Pedro Aguinaldo Fulgêncio, então diretor-geral. "Era realmente um marco trabalhar no *EM*, o grande jornal dos mineiros", pontua Paulo Cesar de Oliveira. Quanto ao *Diário da Tarde,* era uma espécie de volta ao ponto de partida, depois de treze anos em que cuidara do noticiário sobre clubes sociais. "Só que numa perspectiva mais madura."

Seriam, como ele mesmo definiu, 22 anos muito ricos na vida pessoal e profissional. Significava, também, o retorno com um novo status. No *Diário da Tarde*, de linha popular, a estreia ocorreu em 26 de agosto de 1978. Um espaço maior para a coluna, que costumava levar três fotos. O nome Paulo Cesar de Oliveira aparecia agora sem o acento, algo que foi recorrente na carreira do jornalista, num cabeçalho sem sua imagem. Começou dividindo o espaço com outra colunista, além do horóscopo. Logo no dia seguinte, um upgrade. Já aparece no Caderno

2, agora acompanhado das notas sobre TV. E o melhor: com direito a chamada na capa principal, antecipando com exclusividade que o depósito compulsório para viagens ao exterior (22 mil) não iria cair.

No dia 31 daquele mês, o registro de um diálogo um tanto peculiar com o futuro governador de Minas: "Conversando com o deputado Francelino Pereira na porta do Palácio dos Despachos na noite de terça-feira, assisti a uma cena engraçadíssima. Ele foi abordado por um diretor de uma autarquia estadual — a quem não conhecia —, que fez críticas a seu antecessor e queria marcar uma hora com Francelino para traçarem diretrizes administrativas, como se já estivesse convidado a permanecer no cargo. Tão logo a figura se retirou — depois de bajular bastante o futuro governador —, um tanto constrangido Francelino riu muito quando perguntei se a figura estava convidada para continuar. Quanto ao nome, vamos deixar de lado."

Nas rodas do dia, um dos debates era se as discotecas seriam um fenômeno passageiro ou algo capaz de mudar solidamente os padrões da época. Na esfera do poder central, a indigestão do núcleo militar com a articulação da candidatura do general Euler Bentes Monteiro, que ganhara o apoio do ex-ministro do Exército Silvio Frota. Em sua coluna, PCO colocava a nu os sinais contraditórios da política. Em 6 de setembro, registrava, numa nota dura: "Ninguém conseguiu entender por que a família do ex-presidente Médici começou a falar em democracia. Quando ele estava com todo o poder nas mãos para implantar um regime de liberdade e respeito às leis, preferiu optar pelo arbítrio, violência e censura. Agora, quando Geisel parte para uma escala de fato rumo à democracia, os Médici decidem apoiar um dissidente na área militar, o general Euler

Bentes Monteiro, anunciando que o povo está cansado do arbítrio. Aliás, o povo cansou-se mesmo foi do governo Médici."

Duas semanas depois, houve a repercussão sobre as denúncias da revista alemã Der Spiegel envolvendo o desaparecimento de US$ 296 milhões enviados pela Nuclebrás ao exterior. Fica como uma espécie de lembrete aos que acham que a corrupção nasceu ontem ou que um governo militar estaria livre dessas mazelas. O tom era de cobrança pela citação de duas autoridades do primeiro escalão, os então ministros da Fazenda, Mário Henrique Simonsen, e da Indústria e Comércio, Angelo Calmon de Sá: "Com a palavra, o governo federal." No noticiário, destaque para o protesto de estudantes em Belo Horizonte em apoio à anistia. A cultura trazia uma Clara Nunes em alta, na reportagem "Forte guerreira, com as armas da canção".

A noite com Clara Nunes

Naqueles idos de 1964 eu morava com meus pais num apartamento na Rua Goitacazes, no Centro de Belo Horizonte. Aos 19 anos, já gostava da noite. E como na noite todos os gatos são pardos, vejam a bela coincidência: havia uma boate a poucos metros de nossa porta, na esquina com a Rua Espírito Santo, no mesmo quarteirão. A Chez Rohan era um inferninho charmoso, com música ao vivo, cuja propriedade muitos atribuíam ao colunista Wilson Frade, carinhosamente chamado de Rohan. Ao microfone uma morena com voz marcante, boa presença de palco. Perguntei de quem se tratava. Ah, uma iniciante.... Seu nome: Clara Nunes, mineira de Caetanópolis, distrito de Paraopeba, Região Central do estado. Não foi por acaso que anos mais tarde se consagraria como uma das maiores cantoras do Brasil, embora com carreira curta, já que morreu aos 40 anos, após um procedimento operatório em 1983.

Mas o fato é que de Montes Claros, norte mineiro, o colunista Lazinho Pimenta, que promovia a Festa do Algodão e era referência local, solicitou-me que arranjasse uma cantora para estrelar sua festa. E o nome me veio instantaneamente à cabeça: Clara Nunes. Ela topou a parada por um cachê de mil cruzeiros e lá fui eu acompanhando a artista. Com seu talento e sensibilidade, foi aplaudida de pé. Uma das cenas curiosas ocorreu depois do show: deslumbrados com aquele conjunto em que música e beleza se fundiam tão bem, vários fazendeiros foram ao hotel Santa Cruz, onde ela havia se hospedado. Jogavam cheques debaixo da porta na tentativa de que Clara recebesse alguém. Ela não abriu para ninguém e todos ficaram só na miragem. Poucos anos depois Clara foi para o Rio e despontou no cenário musical brasileiro.

E notem como é o destino. Eis que me convidam para um jantar que reunia o expoente do mercado financeiro, promovido pela Associação Brasileira de Empresas de Crédito Imobiliário (Abecip), no Rio. O local, o Caiçaras, era um clube pra lá de chique. À meia-noite entra Clara Nunes — então já consagradíssima — e inicia o show. Claro que nem me atrevi a contar para os companheiros da mesa que a conhecia. Da mesma forma, não imaginei que se lembraria de mim.

No meio da apresentação a surpresa que me pôs imensamente feliz e, confesso, levemente desconcertado. Do palco ela deixa a letra da canção de lado e só com o fundo musical invadindo o salão, fala de um jeito carinhoso: "Estou vendo ali numa mesa o meu amigo mineiro Paulo Cesar." Os holofotes então se viraram para mim, e ela me chamou à frente para me dar um abraço.

Foi emocionante. Findo o show, mais um motivo de alegria e orgulho. Ela foi se assentar à mesa em que eu estava. Ah, me senti ali a pessoa mais importante do mundo. Não era pra menos. Ser lembrado pela Clara, convenhamos, é honra pra guardar no coração.

Música, suprema inspiração

Dentre as muitas bênçãos que recebi, uma delas foi a de ter nascido num ambiente em que a música tinha lugar cativo. Muito graças a minha tia Marina (filha do maestro Lorenzo Fernandez), que se tornou a minha tia mais querida e uma segunda mãe. Morávamos num mesmo apartamento em Montes Claros: os meus pais, ela e tio Quincas, o Joaquim Alves da Silva (Quinzinho). Foi com ela, professora de piano, que me iniciei no mundo musical. Ah, se arrependimento matasse... Ainda hoje me vêm à memória as aulas em que aquelas teclas brancas e pretas se punham como um vasto território a ser desvendado. Parei, sabe-se lá por quê. Coisas de criança... Confesso que, se carrego alguma frustração, é a de não tocar piano.

Meu saudoso irmão José Eymard desde menino fez do saxofone um instrumento quase inseparável. E seguiu a vida tocando sax.

Sempre fui um apaixonado por música. Fui brindado com espetáculos inesquecíveis, como os de Frank Sinatra. Vi cinco vezes shows do norte-americano, um deles no Maracanã, em 1980. Sinatra, que naquela noite cantou para mais de 120 mil pessoas, sempre dizia que havia sido o maior show da vida dele. E quem seria eu para discordar, diante de algo tão emocionante e vívido?

Se o meio musical me deu passagens memoráveis, me deu também bons amigos, como a cantora carioca Eliana Pittman, que estourou nos anos 1960, e a mineira Clara Nunes. Tive o privilégio de, por algumas vezes, estar ao lado uma figura tão especial quanto Elis Regina, jantando com ela em Belo Horizonte, acompanhada do grande empresário Marcos Lázaro.

Como tantos no Brasil, estava — e estou — entre os fãs de Elis, uma das maiores cantoras da história do país, que se foi cedo. E foi parte desse encantamento que, ali por 2010, me levou ao Palácio das Artes, na capital mineira, para um show de Maria Rita, sua filha. Não contive uma ponta de decepção, até uma momentânea antipatia, ao constatar que ela ignorou a mãe, a qual não mencionou em nenhum momento, além de ter deixado de lado qualquer canção que remetesse a Elis.

Eis que, nos últimos anos, Maria Rita passou a falar da mãe, a cantar músicas consagradas pela voz dela e, bom, é como se tivesse me reconciliado. E vivi a sensação um tanto pessoal de estar ouvindo mãe e filha na apresentação que Maria Rita fez como convidada ao lado do fenomenal tenor italiano Andrea Bocelli. Uma dádiva.

Outro músico que admiro e com o qual convivi é Celio Balona, que toca órgão como poucos. Balona, também cantor, fez carreira toda a vida em Belo Horizonte. Se tivesse ido para o Rio, com certeza seria um nome nacional, mas fez outras escolhas.

Ao vivo no "Prendo e arrebento"

E se em 1976, ainda no *Diário do Comércio,* PCO cacifara João Baptista Figueiredo como o nome militar a suceder Ernesto Geisel, lá estava o colunista no pronunciamento à imprensa em que o general se apresentava à nação, depois de ser ungido pelo Colégio Eleitoral. Em 17 de outubro de 1978, anotava, sobre aquela que se tornara uma frase emblemática do militar: "Eleito presidente o general João Baptista Figueiredo, assisto de perto a sua primeira entrevista. Fico atento quando ouço alguém perguntar se ele realmente cumprirá o papel que vem prometendo, na promoção da abertura democrática. O homem torna-se rubro: 'É claro que vou promover. O senhor está me chamando de mentiroso? Depois do que eu disse, o que o povo vai pensar de mim, se por acaso volto atrás e digo que vou pensar melhor?' Depois, enfático: 'Vou promover a abertura. Se alguém tentar impedir, prendo e arrebento.'"

Em 13 de dezembro, mais uma de suas leituras quase proféticas envolvendo políticos: "Quem visse o governador eleito de São Paulo, Paulo Salim Maluf, no jantar que lhe concedeu o título de 'Homem de visão 78', no Hotel Glória do Rio, acharia que ele estava em plena campanha para a Presidência da República. Chegou com um séquito e cumprimentou todo mundo com aquele sorriso. E, à boca pequena, ouvi que em seus planos está realmente o Palácio do Planalto." O paulista de fato tentaria se eleger no processo de redemocratização, mas perderia para o oposicionista Tancredo Neves no Colégio Eleitoral, em 1985.

Com a abertura democrática, a coluna vai ficando com tom cada vez mais político. Em 9 de janeiro de 1979, mais uma antecipação sobre nomes para cargos públicos: "Chega a informação de que o ex-diretor-geral do DNER e atual presidente da Samarco Eliseu Resende foi chamado sábado a Brasília. Ao que tudo indica, seu nome evoluiu mesmo para o Ministério dos Transportes." Em fevereiro, cravava mais uma informação exclusiva, publicando no dia 17 a decisão sobre a figura que assumiria a administração municipal, o que de fato se consumou: "Gente ligada ao futuro governador (Francelino Pereira) garante que o nome que ele tem no bolso do colete para a Prefeitura de Belo Horizonte é o do ex-diretor do DAE e agora deputado federal Maurício Campos, um dos mais votados nas últimas eleições."

E na contagem regressiva para a anistia, em 7 de março a nota cercada de expectativa, cautela e um certo ar de desconfiança sobre um dos ícones entre os exilados pela ditadura militar: "A entrevista que Leonel Brizola concedeu a um canal de televisão na segunda decepcionou muita gente, que esperava que ele viesse 'quente'. Brizola, como quer voltar logo ao Brasil, está mansinho e até elogiou o presidente Geisel. E disse que essa é a hora de esquecer os erros do passado e somente pensar no futuro do país. Esta atitude seria sincera ou apenas de quem quer voltar e depois começar tudo outra vez?"

Por outro lado, mostrava novamente a capacidade de leitura analítica sobre aquele que anos à frente seria eleito e reeleito como um dos presidentes mais populares na história do Brasil, ainda que posteriormente condenado e preso sob acusação de desvios na área pública. Em 17 de abril, analisava: "O programa Abertura, que a Rede Tupi leva ao ar aos domingos, depois de Flávio Cavalcanti, é disparado o melhor da televisão brasileira. No último, a grande atração foi a entrevista que o líder sindical Lula concedeu a Sargentelli, com perguntas e respostas inteligentes e maduras. Lula é um exemplo de maturidade do trabalhador brasileiro." No noticiário do mês, o destaque para mudanças na legislação trabalhista: "Nova CLT muda FGTS, salário-mínimo e greve." Enquanto isso, em entrevista ao caderno de Cultura, o cantor Ivan Lins se definia: "Não me apego a nenhum estilo, nenhuma linha. Uso minha emoção."

Nesse período, PCO passa a adotar um recurso que já era recorrente na Europa, mas que só se fixaria no país anos mais tarde: o mosaico de fotos de um determinado evento, os típicos "cineminhas". "Acredito que o caderno Fim de Semana tenha sido precursor no Brasil nesse estilo de cobertura dos acontecimentos."

É em 15 de maio que Paulo Cesar de Oliveira publica uma de suas notas mais emblemáticas do ponto de vista jornalístico, antecipando desdobramentos sobre a anistia que só ocorreriam em agosto e quanto à reforma política, que seria aprovada em novembro: "Tomem nota: de Brasília chega a informação ao repórter, de áreas bem informadas, e que causará a maior repercussão. O governo federal estaria disposto a dar anistia ampla e irrestrita a partir de junho, como também anunciar a extinção dos dois conglomerados políticos do país, a Arena e o MDB, dentro da linha traçada pelo ex-presidente Geisel e que o atual presidente, Figueiredo, ratificou que seria cumprida integralmente." Na prática, o pluripartidarismo sugerido pelo governo foi aprovado pelo Congresso em novembro de 1979.

O lado social não perdia a vez, com as notas incluídas na seção Fim de Papo ou mesmo soltas, como esta do dia 4 de junho. Os casamentos, sempre os casamentos, como ponto alto: "Há muito que não via um casamento tão alinhado quanto o da belíssima Cláudia Abras — seu vestido assinado por Gérson causou a maior curiosidade, e com razão, pois estava lindíssimo — com o jovem boa-pinta Ronaldo Soltz, realizado na capela do Colégio Sacré Coeur de Jesus. O papai da noiva, o excelente praça Nagib Calil el Abras — elegante, de fraque. O mesmo acontecia com sua mulher, Zélia, chique de verdade, e o casal Cacilda e Pedro Soltz."

Era um tempo em que modelos ainda eram chamadas de "manecas". Nas notícias quentes da cidade, a greve dos professores estaduais, cercada por intensa mobilização e consequente repressão policial.

E lá estava PCO, mais uma vez, fazendo exercícios de futurologia — e acertando na mosca — quando o assunto era política. Com quase três anos de antecedência, jogava as fichas naquele que de fato se tornaria o primeiro governador mineiro com a volta das eleições livres, em 1982. Descrevia assim o cenário em 12 de junho de 1979: "Os mineiros radicados no Rio já em plena especulação sobre a sucessão ao governo de Minas. E o ex-deputado Aparecido de Oliveira surgindo como um dos candidatos a suceder Francelino Pereira. Paralelo, há quem afirme que, se houver eleições diretas e o senador Tancredo Neves se candidatar, será imbatível contra qualquer candidato." Nas primeiras eleições diretas para governador após o fim da ditadura militar, Tancredo, como se sabe, foi candidato pelo PMDB e venceu em 1982 Eliseu Resende, do PDS, representante do regime.

Foi em janeiro de 1979 que finalmente ocorreu a estreia do caderno Fim de Semana, pelo qual passara a responder como editor no jornal *Estado de Minas*, então líder soberano nas bancas. Teria direito ainda a uma coluna na página 3. O modelo tinha entre oito e doze páginas e privilegiava reportagens mais leves e entrevistas mais intimistas ou de reflexão sobre padrões de comportamento, ritmo de vida, saúde. O tom social era reforçado pelas colunas de Brasília (Consuelo Badra), Rio (Aristóteles Drummond) e São Paulo (Baby Garroux).

Com os ventos democráticos tomando o país, as abordagens sobre política acabaram se tornando o eixo da coluna de PCO. Em 22 de abril, o viés era de ironia, diante da descaracterização absoluta de um partido que fora ponta de lança do trabalhismo: "Trabalhador que pretender aderir ao novo PTB, que atente para alguns detalhes da maior importância: ganhar salário mensal de pelo menos 200 mil cruzeiros, ter casa própria e, pelo menos, um Galaxy com ar-condicionado. Basta analisar a posição da cúpula que pretende ser sua liderança."

E mais uma vez Brizola, cuja memória política remetia a um suposto radicalismo de esquerda, era visto sob a sombra da desconfiança na aproximação com uma das lideranças mineiras. Em 5 de agosto, ficou registrado: "Não repercutiu bem para o senador mineiro Tancredo Neves a visita que fez ao ex-governador Leonel Brizola na Europa para conversar sobre a política brasileira. Para muitos, no momento em que Tancredo atravessa uma de suas melhores fases da carreira política, por que encontrar-se com Brizola? Será que Tancredo está acreditando que

Brizola será novamente um líder no país?"

No fim do ano, a retomada da promoção "Os Melhores", destinada a reconhecer e a premiar figuras que se destacaram na indústria, comércio, finanças, mercado de capitais, prestação de serviços, administração pública, agropecuária, exportação, direito, educação e cultura, saúde, meio ambiente, artes, esportes e assistência social.

Entre as novidades gráficas, um design diferenciado, com um P agora estilizado e reinando sobre a página. A seção "Aqui ó" passa a ganhar projeção no desenho, como se quase assumisse o nome da coluna, ao passo que os demais colunistas começam a incorporar o recurso do cineminha, o mosaico de fotos.

Cinco anos mais tarde, em 1984, o país que se vira obrigado por duas décadas a seguir as normas nada flexíveis do regime militar agora respirava transição. Se a Emenda Dante de Oliveira, que propunha o restabelecimento das eleições diretas para presidente, havia sido derrotada no Congresso, agora era hora de o grupo contrário ao regime militar pavimentar o terreno e costurar acordos para levar ao poder um nome da oposição que fosse vitorioso no Colégio Eleitoral. E esse nome era Tancredo Neves, algo que vinha sendo trabalhado enquanto se promovia a campanha maciça nas ruas pela volta do voto popular para a escolha presidencial.

Assim, os sinais de 1º de julho indicavam que as chances de Tancredo eram enormes, como de fato se confirmariam posteriormente. Era um tempo de adesões, traições e de outros venenos políticos. Mas também um tempo de esperança. Do movimento "Diretas Já" passara-se ao "Muda, Brasil". E PCO registrava: "No jantar no Automóvel Clube na sexta-feira, o governador Tancredo Neves recepcionou o ministro do Interior, Mário Andreazza, e governadores do Nordeste. A posição bem definida por esses era que, no caso de vitória de Maluf na convenção partidária, todos eles seguiriam a candidatura de Tancredo. Isso evidencia o nível de ausência de credibilidade do deputado paulista em suas próprias hostes partidárias. Evidencia, ao mesmo tempo, que, se vencer na convenção, perde no Colégio Eleitoral."

Era como se houvesse uma espécie de "editoria" Tancredo Neves até mesmo nas colunas sociais. Em 22 de julho, a preocupação em livrar o governador mineiro da vinculação a correntes extremistas, caracterizando-o como um homem de centro, era visível. O texto editorial da coluna fazia a defesa dessa tese: "Muito mais que uma declaração para compor e ser absorvido pelo sistema, a afirmação do governador Tancredo Neves, definindo sua posição sobre os radicais, é a palavra de um homem estreitamente vinculado com as coisas da ordem. Democrata por convicção, liberal por ideologia, Tancredo Neves já teve a oportunidade de provar, na gestão do governo de Minas, que não é homem de transigir com os extremismos."

E os episódios em série de esfacelamento do regime ditatorial eram patentes, o que incluía um rito de pequenas e grandes traições, como antecipava a coluna no caderno Fim de Semana em 4 de novembro: "O presidente do PDS de Minas, Cristovam Chiaradia, prepara-se para anunciar sua renúncia ao posto partidário para comunicar que dará seu apoio ao candidato da Aliança Democrática, Tancredo Neves."

Em nível federal, os sintomas de que o modelo entrava em seu colapso. Em 25 de novembro, PCO descrevia: "A essa altura, é provável que nem o próprio governo, que em momento algum se integrou aberta ou destemidamente à candidatura do deputado Paulo Maluf, esteja mantendo aquele discreto apoio que chegou a ensaiar. As viagens do presidente para as últimas inaugurações ou realizações de seu governo não contam com a participação do candidato, e Figueiredo mantém-se a distância."

Eleito Tancredo Neves à Presidência em 15 de janeiro de 1985, após derrotar Paulo Maluf no Colégio Eleitoral, a coluna pulsava no compasso do país, num momento em que a esperança de mudanças estava na ordem do dia. PCO anotava naquele 27 de janeiro: "A julgar pela ansiedade com que os dirigentes europeus e dos Estados Unidos, além de países da América Latina, aguardam a visita do presidente eleito, Tancredo Neves, o Brasil não vai encontrar dificuldades para levar a bom termo os seus compromissos. Mesmo em circunstâncias, por mais adversas que possam parecer, o Brasil precisa estar posicionado para iniciar uma nova fase, em que a responsabilidade mútua é fundamental!."

E diante do drama do presidente, hospitalizado com uma crise de diverticulite aguda poucas horas antes de assumir o poder, o país se assombrava, mas ao mesmo tempo revelava um quadro de surpreendente estabilidade democrática, como interpretava Paulo Cesar de Oliveira em 17 de março: "O mal que acometeu o presidente Tancredo Neves a pouco mais de doze horas de sua posse e que surpreendeu toda a nação, já vivendo o clima de Nova República, de um lado consternou a todos, do outro foi também uma grande lição para os que não acreditam na maturidade nacional."

Em meio à resistência de vários setores ao vice que assumira, o maranhense José Sarney, historicamente vinculado ao regime militar, PCO era uma voz ponderada. Em 14 de abril, escreveu, recorrendo de novo a um tom editorial: "Diante do agravamento do quadro de saúde do presidente Tancredo Neves, é de se prever que sua recuperação — a se concretizar — será através de um dos processos mais demorados. A realidade demonstra que a população brasileira, que já deu inequívocas evidências de maturidade, precisa estar bastante atenta e, ao mesmo tempo, confiar no presidente em exercício, José Sarney." E na incerteza sobre a volta de Tancredo — que morreria em 21 de abril sob infecção generalizada —, um novo apelo à prudência e à paciência, fundamentais ao processo de transição para o primeiro governo civil depois de 21 anos de ditadura militar: "É preciso dar tempo ao homem a quem o país confirmou, através das eleições indiretas, a responsabilidade de gerir seu destino. E Sarney vem cumprindo o que determina a Constituição."

Aos que imaginavam que Paulo Cesar de Oliveira era dado exclusivamente às prospecções em torno da política, volta e meia saltava em sua coluna uma informação exclusiva sobre assuntos de toda natureza. Como em 13 de janeiro de 1991, quando dá os primeiros indícios de que a Igreja Católica, em seus processos meticulosos, preparava a nomeação ao cardinalato de um arcebispo em exercício na capital mineira. "Tomem nota: não será surpresa para esta coluna se Belo Horizonte, mais cedo ou mais tarde, passar a ter seu cardeal. Esta conversa foi ouvida em Roma recentemente por informante da coluna. É bem possível que o papa João Paulo II anuncie esta boa-nova em sua próxima vinda ao Brasil." O papa visitou o país naquele ano e retornou em 1997, três meses antes de nomear Dom Serafim Fernandes de Araújo, arcebispo de Belo Horizonte, como novo cardeal.

Em abril de 1991, os modos espartanos do então prefeito de BH, Eduardo Azeredo, que viria a ser eleito governador em 1994 (outro político também condenado e preso por desvios, anos mais tarde), já chamavam a atenção do colunista por seu potencial político, como anotou no dia 28 daquele mês: "O PSDB está descobrindo que a simplicidade do prefeito Eduardo Azeredo, agora a principal liderança do partido no estado, rende um bom marketing. Ao contrário de seu antecessor, Pimenta da Veiga, Azeredo cultiva hábitos e imagens de homem modesto, que dirige o próprio Uno, entra na fila do Independência para comprar ingresso e sofre com o América. O estilo despojado já faz mais sucesso que o estilo star de Pimenta."

Na edição de 14 de junho de 1992, PCO abordaria um dos temas que praticamente se tornou uma bandeira ao longo de sua vida profissional: o efeito inócuo da lei diante dos desmandos de toda ordem. O Brasil atravessava naquele momento uma crise política e institucional, em que vinha à tona uma série de escândalos na máquina pública, em especial os que levariam ao impeachment do presidente Fernando Collor de Mello, eleito em 1989. "Esta coluna sempre disse que um dos maiores problemas do país — para não dizer o maior — é a impunidade, que a cada dia aumenta. Acostumou-se com a impunidade. Como nada acontece com ninguém, chegou-se ao clima que aí está. O povo precisa ter uma direção, ter exemplo e saber que quem faz a coisa errada deve ser punido." Na esteira da turbulência, projetou o agravamento da crise no segundo semestre. Em 31 de junho, escreveu: "Um amigo da coluna que esteve recentemente com a vidente Neila Alckmin ouviu dela que o ápice da crise que o Brasil atravessa deverá ocorrer em outubro. Ela continua sempre procurada por muita gente influente em Conceição do Rio Verde." Acertavam ele e a vidente. Com a Câmara aprovando a abertura do processo de impeachment em 29 de setembro, os senadores o receberiam em 1° de outubro.

Na manhã de 29 de dezembro, antes que fosse julgado — e cassado — pelo Senado, o presidente renunciaria.

A Klus pontifica a moda masculina

Nos anos 1990 — e mesmo antes do então presidente Collor, que fez moda no Brasil —, eu já gostava das gravatas Hermès, fruto de algumas viagens a Paris. E em minhas andanças por Belo Horizonte conheci naquela época Salvador Ohana, que viria a se tornar meu amigo. Ele atendia numa loja Klus da Rua Aimorés, onde hoje funciona outro estabelecimento. Fui levado por um amigo que me dizia que o Salvador tinha as Hermès na sua loja. Entre uma conversa e outra, uma empatia mútua a partir de um atento e carinhoso primeiro atendimento, nasceu uma amizade com sua família e os meus filhos.

Salvador — como bom mineiro-judeu — ao mudar de endereço comprou a casa tombada da esquina das ruas Aimorés e Rio Grande do Norte, no Bairro Funcionários, e contratou a arquiteta Zenobia Vanda Gryzbowaki, a Zica, para fazer o projeto de restauração para a maison, inaugurada em 22 de abril de 2000, tornando-se a mais importante e melhor loja de roupa masculina de Minas.

A partir dali foi abrindo lojas nos shoppings de Belo Horizonte. Não satisfeito e confirmando o perfil do empreendedor que é, em plena crise, abriu a Klus na Seis Pistas, no limite da capital mineira e Nova Lima. Num imóvel na Avenida Oscar Niemayer (Vila da Serra ao lado da Drogaria Araujo), Salvador dividiu a loja com a Só Concerto (comandado pela Altina Ohana), Spezatto (moda feminina), e a barbearia Torres, um corner de produtos de beleza.

Esta loja tornou-se referência no Brasil. O projeto é do arquiteto Guilherme Moretzhon. Aliás, além de Altina na Só Consertos, há seu filho Rafael nas lojas Klus e a filha Marcela à frente da indústria de uniformes Dash. Família que trabalha unida permanece unida. Mais do que isso, é preciso também fazer as escolhas corretas. Não é por acaso que Eustáquio Dauler Silveira está ao lado de Salvador há 18 anos, na gerência da maison da Aimorés. Eustáquio recebe com um zelo impecável, fazendo com que todo cliente da Klus se sinta, literalmente, em casa.

Sal nas feridas partidárias

Com Itamar Franco no poder e os partidos já entrando na contagem regressiva para as eleições de 1994, PCO é um dos analistas que escancaram a velha maleabilidade do PMDB. Em 21 de novembro de 1993, assinala: "A pá de cal está por vir. Algumas das mais expressivas lideranças que o PMDB ostenta preparam-se para abandonar o barco, inapelavelmente corroído pelos escândalos em cascata que desaguam em seu leito de morte. O movimento, que conta com ninguém menos que o até agora inatacável Pedro Simon à frente, tende a ligar-se ao PSDB, fortalecendo a candidatura presidencial do ministro Fernando Henrique Cardoso e dando cores mais vivas à disputa em 94. A conferir." Fragilizado, o partido teve um Orestes Quércia candidato, mas quase em figuração na corrida presidencial em que Fernando Henrique seria eleito presidente colhendo o sucesso do Plano Real, lançado por Itamar.

Sobre a disputa à Presidência, o verniz crítico chamava a atenção tanto para as aparentes contradições no discurso do PT quanto apontava a baixa representatividade de Quércia. Em 17 de abril, escreveu: "A cobrança das bases petistas para que o programa do partido não seja omitido tem colocado em risco a candidatura de Luiz Inácio Lula da Silva, que vai se tornando presa fácil para os adversários. As incoerências do discurso com a prática fazem avaliar se propostas como legalização do aborto, oficialização da união homossexual e, para temor dos credores internacionais, a moratória da dívida externa, refletem os reais interesses da sociedade brasileira. Pelo jeito, não é bem assim." Ao passo que em 17 de julho uma nota irônica resumia o que seria o desfecho da candidatura peemedebista: "Em vez de mandar apagar as inscrições 'Quércia vem aí' dos muros da cidade, bastaria a qualquer interessado acrescentar a palavra 'socorro'. Até porque, como indicam as pesquisas, Orestes Quércia não vem aí coisa nenhuma. Parece certo que a disputa vai se resumir a Lula e FHC, nada mais."

A profissão de repórter o mantinha a par do que era de fato essencial nos bastidores da política. Em 22 de junho de 1997, prenunciava o cenário de preocupação nas hostes tucanas quanto à sucessão estadual do ano seguinte em Minas Gerais. "Aguardam-se para as próximas horas algumas mudanças no governo de Minas. O governador Eduardo Azeredo estaria descontente com o trabalho de alguns de seus auxiliares e, como pano de fundo, há a reeleição e as pretensões eleitorais de cada um. Sabe-se também que o governador quer velocidade na máquina." A informação estava no calibre certo, porque Azeredo não se reelegeria, superado por Itamar Franco na disputa das urnas.

Sobre Itamar, nota publicada em 5 de julho de 1998 mostrava como Paulo Cesar de Oliveira tinha conhecimento até sobre a "cozinha" das principais lideranças políticas. "Quem quiser agradar a Itamar Franco daqui pra frente deve esquecer os Logans, vinhos e cervejas e abastecer a adega com um providencial Campari, nova bebida eleita pelo ex-presidente. E sua predileção pela bebida não tem nada a ver com 'a estrela que brilha' do PT. É gosto puro e simples de Itamar." Mas havia espaço também para as cenas cômicas, que passariam em branco na cobertura da grande imprensa, como a registrada em 16 de agosto daquele ano: "No atropelo da campanha, em meio ao desinteresse explícito dos eleitores, um candidato a deputado estadual foi visto numa loja de um grande shopping de BH no fim de semana de mão estendida para cumprimentar balconistas e consumidores. Só que, no auge do entusiasmo, acabou apertando a mão de gesso de um manequim. Saiu da loja mais depressa que entrou, sob gargalhada geral."

A blindagem que protegia — e protege — especialmente figuras de peso da República voltava a merecer a condenação da coluna, como em 22 de novembro de 1998: "A impunidade continua sendo o grande mal deste país. O ministro da Saúde, José Serra, declarou por escrito que era contra o ajuste fiscal e ficou por isso mesmo. Explicou-se com o presidente Fernando

Henrique Cardoso, velhos amigos tucanos, e tudo bem. Agora, nesse episódio dos grampos, o ministro das Comunicações, Luiz Carlos Mendonça de Barros, e o presidente do BNDES, André Lara Resende, falaram o que não deviam, a conversa veio a público e eles continuaram onde estavam. É por isso que o povo desacredita dos governos e dos políticos." A referência era sobre manobras nada limpas para destravar o processo de privatização de estatais em curso.

Um mês depois, a evocação do equilíbrio, do diálogo, e a condenação ao principal partido de oposição por suas posturas ortodoxas de não colaborar com um governo de outra matiz ideológica. "Não dá para entender por que alguns xiitas do PT criticam Lula por ele ter se encontrado com Fernando Henrique Cardoso. Em momentos de crise como a que atravessamos, a união se faz necessária e as pessoas sérias sabem disso. Essa história do quanto pior melhor está fora de moda. Atualmente, quem quer ser cidadão deve comparecer quando for chamado a ajudar, independentemente de correntes partidárias. A patrulha ideológica dos anos 1960, 1970, ficou para trás."

Em 23 de janeiro de 2000, relatou uma intervenção que soava como necessidade de autocrítica aos brasileiros quanto ao que elegiam como de fato relevante para o país: "É brincadeira e depois não gostam quando alguém diz que o Brasil não é um país sério. Dá para entender um aparato policial daqueles só porque uma mulher resolveu fazer topless na Barra da Tijuca? Já pensou proibir as mulheres de desfilarem com seios de fora nas escolas de samba? Iria dar revolução. O que aconteceu ou é puritanismo demais, hipocrisia ou falta do que fazer. Enquanto isso, a criminalidade anda rolando solta país afora."

Mas a veia política vai trazer de novo para o centro de

debate as quedas de braço entre os principais caciques governamentais. Em 30 de janeiro, a perspectiva de privatização de Furnas e a reação dura e carregada de simbologia do governador Itamar Franco ganhavam uma leitura refinada: "Na opinião de um ministro de Estado, em conversa com esta coluna em Brasília na semana que passou, o governador Itamar Franco na briga com o presidente Fernando Henrique Cardoso tem razão em alguns pontos. Itamar é nacionalista convicto e foi contra a abertura feita pelo ex-presidente Collor e confirmada por FHC, que, aliás, é necessária, mas não com a liberalidade com que vem sendo feita. Segundo o ministro, Itamar, que é um homem de bem, tem mais coragem que o presidente Fernando Henrique Cardoso. É isso aí."

PCO avaliava em fevereiro os desdobramentos sobre o recuo de Brasília e a probabilidade de que Itamar, no estilo "topete alto", buscaria novos pontos de atrito. No dia 13, sintetizou: "O governo federal não vai admitir que cedeu às pressões do governador Itamar Franco, adversário da privatização, mas excluiu Furnas da lista de empresas a serem privatizadas e está desenvolvendo novo modelo para o setor elétrico. Embora diga que a decisão é rigorosamente técnica, o governo tem o objetivo de esvaziar o discurso oposicionista do governador, que já assinou o acordo sobre as dívidas de Minas. Mas Itamar sabe disso muito bem, e a qualquer momento vai criar outra briga."

Vistos assim, isoladamente, sobra a falsa impressão de que a coluna pouco tratava de outros assuntos em suas abordagens. Mas o radar que estava presente no começo dos anos 1970, ainda nos tempos de *Diário de Minas,* seguia mais vivo do que nunca. Os grandes problemas da cidade não escapavam à análise do colunista, como pontuou em 12 de março de 2000:

"Assessores diretos do prefeito Célio de Castro afirmam que o adiamento tático do problema com os perueiros representou um alívio temporário, mas transferiu o confronto para uma data ainda mais próxima das eleições. Eles defendem a tese de que o prefeito deve buscar uma solução definitiva ao longo dos próximos trinta dias, para evitar que nova ocupação no Centro da cidade dê a impressão de que ele perdeu o controle da situação."

Da mesma forma, para dramas de ordem nacional, como quando sugere haver uma passividade extrema da União diante das ocupações de terra. "Se o governo não reagir com o rigor da lei, os sem-terra vão tumultuar esse país. O movimento vai se alastrando e o governo até agora — receoso das repercussões — não adotou nenhuma medida que coíba os abusos dos invasores. O próprio ministro da Justiça, José Gregori, classificou o movimento do MST como desvio de conduta, prometendo agir com o rigor da lei. É melhor que aja logo para depois não dizer que chegou tarde", cobrava em 7 de maio de 2000.

Igualmente, não perdera o faro para a exclusividade em negociações envolvendo o setor privado, como comprovava nota de 18 de junho de 2000: "Há cerca de dois meses, esta coluna antecipou que Roberto Gianetti da Fonseca estaria negociando o controle da Eletro Silex com um grupo mineiro: o empresário Ricardo Vicintin — leia-se Grupo Rima — fez um arrendamento por vinte anos, com opção de compra. A sede da Eletro Silex é em Capitão Eneas, no norte de Minas. Com 150 empregados, a empresa deve dobrar esses números, voltando a funcionar a todo vapor."

Em 23 de julho de 2000, pouco antes de sua saída do *Estado de Minas*, exibia os sintomas de um governo que não faria seu sucessor em nível federal: "Nesses dias do escândalo provocado pelo ex-secretário-geral da Presidência, Eduardo Jorge, alguns institutos ligados ao Planalto andaram fazendo pesquisas para aferir a popularidade do presidente Fernando Henrique Cardoso. Despencou a números que estão trancados a sete chaves de tão baixos. Gente que teve acesso não quer comentar nem sabe se os dados seriam apresentados ao presidente. A situação, em que pese o governo tentar amenizar, é das mais complicadas."

Sua última coluna no jornal dos Diários Associados seria publicada em 30 de julho de 2000. Em 22 anos, falara de tudo e mais um pouco. A saída o surpreendera, mas sem que desse tempo ao esmorecimento. Na mesma tarde do desligamento, um telefonema ao jornalista Carlos Lindenberg e uma reunião com Reinaldo Gilli, respectivamente, então o diretor-executivo e o presidente do *Hoje em Dia*. Em poucas horas, estaria empregado no jornal que à época brigava pela condição de segundo maior diário de Belo Horizonte. Novidades? Poucas. "Lá tive liberdade para fazer as coisas, mas não me propus a nada diferente. A vida te ensina que você vai repetindo o que dá certo", relembrava na biografia *Minha Palavra*, lançada em 2012.

O modelo que deu certo por tanto tempo no *Estado de Minas,* então, foi mantido. Inicialmente, estreou com uma coluna diária, que era publicada no caderno Minas, dirigido aos assuntos locais. Pitadas de política, economia, um pouco de sociedade, especialmente registrada em fotos. Em setembro, entrava em circulação o caderno Domingo. De fato em muito lembrava o caderno Fim de Semana. Entre oito e doze páginas, um texto leve na capa, tradicionalmente acompanhado por uma ilustração de um artista plástico ou mesmo um designer da casa. Os mosaicos de imagens sobre os eventos da semana estavam lá, assim como reportagens e entrevistas em que temas de comportamento, saúde e modos alternativos de vida sobressaíam. Entre os colunistas estava Amaury Jr. A tradicional premiação de personalidades que haviam se destacado em variados setores, nascida no começo dos anos 1970, estava mantida. Agora rebatizada como "Melhores de Hoje".

Como o calendário e as costuras políticas têm o seu tempo próprio de maturação, já em 7 de janeiro de 2001 PCO tratava da sucessão presidencial de Fernando Henrique Cardoso, vislumbrando as possíveis alianças: "Por mais que o governador Itamar Franco tenha tentado, está inviabilizado um possível acordo com o PT no projeto da sucessão presidencial, cuja ideia é reunir vários partidos de esquerda em torno do nome dele. Itamar encontrou-se com Brizola, que passou a ser um dos articuladores com os partidos de esquerda que vão fazer uma grande coligação para lançar Itamar à Presidência."

E o veneno destilado nas quedas de braço para que se tenha o nome ungido numa convenção partidária é recurso antigo e permanente, como sublinha em coluna de 20 de janeiro, revelando os bastidores da disputa entre dois tucanos mineiros: "O ministro Pimenta da Veiga passou os últimos dias tentando convencer seu companheiro de partido Aécio Neves de que nunca teve a intenção de sabotar sua candidatura à Presidência da Câmara. Não convenceu, mas também não desistiu. Pimenta, forte candidato à presidência do PSDB nacional, teria sido apanhado em flagrante conspirando contra os planos de Aécio Neves para evitar o crescimento de seu prestígio na política mineira. Os dois querem disputar o governo de Minas em 2002."

Ainda sobre Aécio Neves, outro que anos mais tarde cairia em desgraça política ao ser flagrado em grampos mencionando transações sujas, Paulo Cesar de Oliveira desenhava o que é próprio daqueles que sabem onde pôr os pingos nos is. Claro, num período em que a visão sobre este político, que quase chegou a ser eleito presidente da República, estava longe da cota de escândalos que lhe tiraria a legitimidade de líder. Em 25 de fevereiro, sua lupa media com precisão milimétrica os passos do neto de Tancredo. "Quem tem visto o jovem presidente da Câmara, Aécio Neves, seja presidindo as sessões da Casa ou do colégio de líderes, tem se impressionado com suas posturas firmes e corretas. O comentário é geral: ele está se saindo melhor do que a encomenda e o seu futuro é promissor. Quem chega à Presidência da Câmara aos 40 anos tem um vasto caminho pela frente. Afinal, ele não renega que é neto de um Tancredo Neves e tem tudo para chegar onde o avô chegou, mas não se empossou, passando, com certeza, pelo governo de Minas."

Assim, vai mapeando com refinada análise a antecipação das estratégias de postulantes que teriam papel vital nas eleições do ano seguinte, como o senador mineiro José Alencar. Em 21 de janeiro, registrava: "Convencido de que não terá grandes espaços no PMDB, o senador José Alencar estuda a conveniência de se mudar de mala e cuia para o PSB. Alencar não sairá sozinho. Alguns deputados estaduais e federais deverão acompanhá-lo." As pedras no xadrez partidário lhe dariam razão, como destacava em 5 de outubro: "Caminha a passos largos a concretização da dobradinha entre Lula e o senador José Alencar para disputar a Presidência da República. Era o comentário na solenidade de filiação de Alencar ao PL. Se Lula conseguir costurar com seu partido a presença do empresário na chapa, a candidatura petista passa a ter respaldo do empresariado nacional." Não só fechariam a aliança como seriam eleitos em 2002 e reeleitos em 2006.

PCO sempre acentua que o papel do repórter, da imprensa, é o de colocar em xeque o discurso fácil. Mostrar que muitas vezes as coisas de fato não são como querem lhe fazer parecer que seriam. Assim, o tom irônico e de incredulidade serve para desarmar a verborragia de burocratas de plantão. Em 9 de fevereiro de 2001, assinalava, com a devida provocação: "Os fiscais do INSS morrem de rir quando ouvem o ministro da Previdência, Waldeck Ornelas, falar em punição exemplar para os crimes contra a previdência, dizendo que lugar de sonegador é na cadeia. Em Minas, como em São Paulo e no Rio, os fiscais gostariam de começar o dia visitando os grandes clubes de futebol, que devem, não pagam e continuam sonegando. A pergunta dos fiscais é: a lei vale para todo mundo, menos para o futebol?"

E do Rio de Janeiro lhe chegava, em 10 de março, informação que tranquilizava os fãs do cantor mais popular do Brasil, abalado pela perda da mulher: "Parece que Roberto Carlos está curado da fossa que o envolveu desde a morte de Maria Rita. Recolhido em sua cobertura na Urca, sem ao menos atender as ligações telefônicas no Carnaval, ele saiu em seu iate, o Lady Laura, com amigos pela Baía da Guanabara. O Rei tem também comparecido ao seu estúdio na Urca, e para lá tem seguido a pé."

Antenado com os furos

Se um colunista não sobrevive sem o caráter de exclusividade, PCO voltava a dar um furo de reportagem com quatro meses de antecedência quanto às medidas que obrigariam os brasileiros a reduzir drasticamente seu consumo de energia elétrica. O decreto presidencial sobre o racionamento vigoraria só a partir de julho, mas em 26 de março de 2001 ele já dava as pistas de como as restrições seriam duras: "Por mais que o ministro das Minas e Energia negue, já existe um plano de contingência, bem à moda das estratégias militares, para orientar o racionamento de energia no segundo semestre. Algumas empresas melhor informadas anteciparam-se e hoje dependem mais do fornecimento e gás do que de energia elétrica."

No paralelo, as mazelas da capital mineira não saíam da mira. De novo estava lá o problema do transporte público, e desta vez com uma denúncia: "E o prefeito Célio de Castro volta a prometer que vai cumprir a lei e acabar com o festival de irregularidades promovido pelos perueiros, que utilizam ilegalmente os pontos de ônibus, tumultuam o trânsito, colocam em risco a vida dos passageiros. Pena que o prefeito não tenha marcado data. E vai uma informação que talvez o prefeito desconheça: perueiro não é coisa de pobre ou desempregado, como ele imagina, mas um negócio de milhões, que envolve empresários paulistas e pelo menos um grupo de militares reformados", revelava em 10 de abril de 2001.

Em 2 de junho, reforçava o compromisso de mostrar que o poder público parecia viver numa dimensão bem longe da realidade: "Com o apoio da PM, a fiscalização da prefeitura descobriu, finalmente, que uma lei municipal proíbe a colocação de faixas publicitárias e promocionais nas ruas da cidade. Com ligeira blitz na região da Savassi, fiscais encheram quase dois caminhões. Se o ímpeto legalista tiver continuidade, serão dezenas de caminhões. Tomara que os fiscais descubram agora que distribuir panfletos nas esquinas também é proibido."

Se em Brasília o clima de esfacelamento do segundo governo de Fernando Henrique era cada vez mais evidente, as notas com teor editorial resumiam o que podia ser o sentimento médio do brasileiro. "É crítica a situação política do país, e o presidente Fernando Henrique está em pânico com a perspectiva de ser implantada a CPI da Corrupção. Pode até ser que ele não tenha nada a ver com isso, mas ninguém tem dúvidas de que vários elementos que passaram e que estão no poder têm participação grossa", alfinetava em 22 de abril. Para voltar à carga em 17 de maio: "A qualquer acusado deve-se dar o benefício da dúvida, e, por ser presidente da República, Fernando Henrique não está sendo privado desse direito. Quando diz que não pagou votos com a liberação de emendas e exige que a acusação 'leviana' seja provada, está exercendo um direito seu. Mas querer convencer a opinião pública de que não tem culpa no cartório é outra história. Ainda que ele seja inocente, a maioria da população parece pensar o contrário."

Seus leitores saberiam, mais uma vez antecipadamente, que algumas prometidas bombas no meio político não tinham o efeito propagandeado, como as "revelações" da ex-namorada sobre Itamar Franco. Em 9 de junho, detalhava: "Quem imaginava que o livro escrito por June Drummond sobre seu namoro com Itamar Franco traria revelações espetaculares pode tirar o corcel da intempérie. O livro, que sai no mês que vem, é ameno, sem nada comprometedor para qualquer um dos dois e se destina a dar uma força para a campanha de Itamar à Presidência da República. O livro pode até não ser de grande ajuda, mas também não vai atrapalhar em nada. June, 39 anos mais nova que Itamar, adianta que o leitor não encontrará nada de picante em sua obra de estreia."

Como não há gesto gratuito na política, a peça era, aparentemente, parte do jogo que se desenhava para a sucessão presidencial. Com Itamar Franco no páreo, PCO interpretava as movimentações, eventualmente fora de sintonia, dos que desejavam vê-lo na disputa. Como retratou em 21 de agosto de 2001: "O engenheiro Leonel Brizola, que até hoje não entendeu o tom e o ritmo da política mineira, saiu desanimado do encontro com Itamar Franco no Rio. Com o seu costume histórico de atropelar pessoas e fatos, ele esperava uma resposta definitiva de Itamar quanto à filiação ao PDT, para ser candidato à Presidência. Saiu de mãos vazias, como qualquer político teria previsto. E muito abatido, como nenhum político mineiro teria ficado. A paciência não é uma arte que se cultiva nos Pampas."

Enquanto a engenharia das alianças se desenhava, a produção das campanhas já havia sido colocada para funcionar, ainda que em alguns casos guardasse estranhas surpresas, como mostra Paulo Cesar de Oliveira em nota de 19 de agosto: "Está prontinho todo o marketing para as futuras aparições públicas da nova versão Itamar Franco, candidatíssimo à Presidência da República. A New Trade, do publicitário Einhart Jácome da Paz, foi a responsável pela produção de todo o trabalho que visa atingir a elite, uma vez que, segundo as pesquisas, o governador mineiro é muito bem aceito pelo povão. O primeiro passo já está agendado: o encontro de Itamar com personalidades de todo o país e empresários paulistas. Uai... Einhart não é cunhado do também presidenciável Ciro Gomes?"

Em 26 de agosto, ele acusa os movimentos dissimulados de Fernando Henrique, que "lançara" Aécio e agora o descredenciava. "O presidente FH, na intimidade, já fez comentários desairosos à rapidez com que o presidente da Câmara, Aécio Neves, foi picado pela mosca azul e pensa mesmo em ser uma opção como candidato à Presidência da República. FH lembra que Aécio tem 41 anos, quase a mesma idade de Ciro Gomes, ou seja, ainda não tem a maturidade para chegar ao maior posto do país."

E na linha "mais vale um pássaro na mão que dois voando", PCO dá as pistas de como políticos costumam trabalhar com planos A, B e C. Em 7 de setembro, data emblemática, descreve os bastidores no governo estadual: "Comenta-se nos jardins do Palácio da Liberdade que as relações entre o governador Itamar Franco e o vice, Newton Cardoso, nunca foram tão tensas. Itamar teria sugerido ao deputado Hélio Costa que se filie ao PDT para ser candidato ao Senado ou ao governo de Minas com seu apoio. Antes, pediu a sua assessoria jurídica que confirmasse se tem direito de tentar a reeleição sem disputar a convenção do PMDB. Se tiver que disputar com Newton Cardoso, ele sai do PMDB e vai para o Senado ou tenta voltar ao governo pelo PDT. E Hélio Costa estará a seu lado."

O assunto sucessão presidencial se tornava, dia após dia, a referência central de PCO no *Hoje em Dia*. Marcada por uma cadência estratégica própria do meio político, em que a Terceira Lei de Newton (o físico, naturalmente) é mantida a ferro e fogo: Para cada ação haverá uma reação com a mesma força em sentido contrário. Assim, ele anotava em 27 de setembro, antes que a filha de José Sarney fosse abatida por um providencial rol de escândalos: "Muito antes das pesquisas, esta coluna vaticinou que o nome da governadora do Maranhão, Roseana Sarney, iria despontar no cenário nacional. E não deu outra. Depois de preparar seu estado administrativamente, agora o PFL foi buscá-la para ser sua candidata em chapa presidencial. As pesquisas mostram seu crescimento. No governo, a preocupação é que Roseana ultrapasse os 20%, consolidando sua posição. As farpas vão começar."

Depois de apontar o Código de Ética e Decoro Parlamentar como "vitória pessoal" e "um gol" do então presidente da Câmara dos Deputados, Aécio Neves, em 13 de novembro a coluna atesta que os balões de ensaio são uma tática escancarada na briga pelo poder, quando nem tudo é o que parece ser: "Os meios políticos, principalmente entre a tucanada, entraram em polvorosa com o lançamento da candidatura do presidente da Câmara, Aécio Neves, pelo presidente Fernando Henrique, em Nova York. Tanto é que FH fez questão de apresentá-lo a vários presidentes, inclusive a Bush, na reunião da ONU. Na intimidade, FH já concluiu que o ministro José Serra não vai emplacar sua candidatura nem mesmo dentro do PSDB, onde sua rejeição é grande. Pesquisas têm mostrado que a viabilidade do nome de Aécio é grande, até mesmo para compor uma chapa com Roseana Sarney de vice."

Como se sabe, Roseana não decolou, tragada por denúncias de desvios que envolviam o marido, Jorge Murad, (numa ação policial em que se vislumbrou o dedo do governo federal), e Aécio ficou pelo caminho. Assim como o governador Itamar Franco, cujo naufrágio PCO cantara em 19 de novembro: "A cada dia, o governador Itamar Franco sente que os peemedebistas governistas vão torpedeando a candidatura do partido, ou seja, sua candidatura à Presidência da República. Se não sair conversando agora não só com as principais lideranças do partido, mas mesmo com o chamado baixo clero, o governador pode ficar a ver navios. O governo vai jogar pesado e o presidente Fernando Henrique não pensa em outra coisa senão derrotar seu ex-chefe. Afinal, está em jogo a Presidência da República."

Outro mineiro na linha de sucessão, Pimenta da Veiga também era carta fora do baralho. O que lhe restava era a autocrítica, como relembrava PCO em 16 de dezembro: "Instado por vários amigos a se colocar como uma das opções do presidente Fernando Henrique à Presidência da República pelo PSDB, o ministro Pimenta da Veiga recusou-se permanentemente a ouvir aqueles que o consideravam potencial candidato. Não quis ousar e agora se arrepende ao ver o colega José Serra ser o ungido. Serra consolidou sua posição e Pimenta deixou passar o cavalo arreado."

Numa das leituras sobre o cenário de sucessão presidencial, feita em 19 de dezembro de 2001, Paulo Cesar de Oliveira descreve como a "ditadura da caneta" é imperiosa. E, às vezes, errática. "Nos bastidores de Brasília sabe-se que a saída do governador Tasso Jereissatti da corrida presidencial foi a pedido do presidente Fernando Henrique, que lança, provavelmente já em janeiro, o nome do ministro da Saúde, José Serra, como candidato do PSDB. FH vai esbarrando em todo mundo para fazer sua vontade, e como tem a caneta na mão, os tucanos vão dizendo amém." E com a tarimba daqueles que conhecem bem o terreno ardiloso da política, PCO fecha a nota com o cacife de quem aprendera — e bem — com um vasto time de mestres: "Se vai ganhar a eleição, são outros quinhentos." Não ganhou, como se sabe, superado pela chapa de Lula e do mineiro José Alencar.

Minha mãe com os netos Gustavo e Paulo Cesar

José Eymard, Danuza, Renata Gropen , PCO

PCO, Danielle Mitterrand

PCO e Leda Nagle

Tonyato Alvarenga, Melissa Narciso Alvarenga, Maria Inês Narciso e PCO

Fábio Ramalho, PCO e Maria Inês Narciso

PCO e Hildegard Angel

PCO, Denise Magalhães e Edson Bacci

Sônia Teixeira, Aldija Starling Jorge e PCO

Luiz Carlos Costa e PCO

Maria Helena Brandão, Roberto Luiz Lopes Oliveira, Dulce Aguiar e PCO

GCO, Hermes Pardini e PCO

PCO, Eunice Impelizieri, Juliana Andrade

GCO, PCO, Paulinho

Domingos Costa, PCO, José Martins Godoy e Rodrigo Godoy

Leonardo Chebly, José Chebly e PCO

José Eymard Lopes de Oliveira e Danuza, PCO

PCO, Mônica, Suely Frauches e Henrique Meirelles

Joseph El Bacha, Ilda Bacha, PCO

PCO, Charles Simão

PCO e Cláudia Fialho

PCO, Joel Motta e André Carvalho

Roberto Luiz Lopes de Oliveira, Álvaro Guimarães, Maria Helena Oliveira Guimarães e PCO

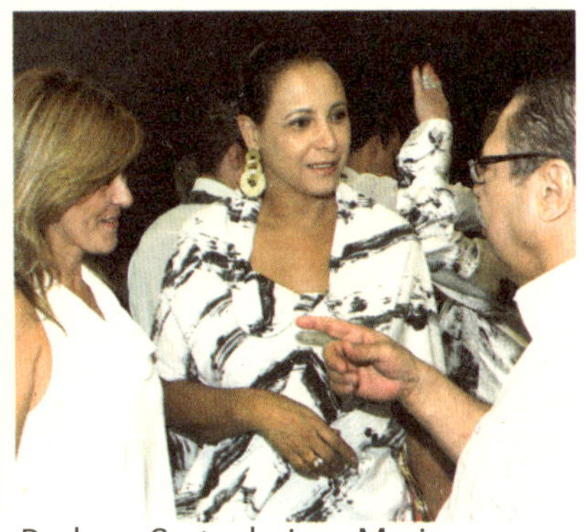

Darlene Castanheiras, Maria Docarmo Prates e PCO

Zezé di Camargo, Sumaya e PCO

PCO

Humberto Alves Pereira, PCO e Alexandre Gribel

PCO, Nizan Guanaes e
Walfrido dos Mares Guia

Maria Teresa, PCO, José Eymard
e Roberto Luiz

Ângela Margarian, PCO

Ricardo Boechat, Veruska Boechat e PCO

Renata Gropen, Theo Gropen e PCO

Orlando Araújo, Marisa, Ricardo Vicintin, PCO, Eduardo Aparecido de Oliveira, Sthefanie e Maximiliano

PCO, Paulinho, Roberto Lopes de Oliveira e Ricardo Fernandes

João Doria Junior, Amanda Madeira, Juliana Couto, Martins e PCO

Robério Silva, PCO e Carlos Alberto Teixeira

Bruno Ferrari e PCO

Márcia Queiros, Maria Lúcia Godoy e PCO

PCO, Aquiles e Patrícia Diniz

FOGO

Pé ante pé em campo minado

Desde que eu havia recebido o telefonema naquela manhã, a expectativa ia ganhando graus de ansiedade mais intensos a cada virada dos ponteiros do relógio. Eu, impaciente. Ansioso. Tudo começara de um jeito despretensioso. "Bom dia, senhor Paulo Cesar", saudara a voz do outro lado do telefone. Iria provocar uma segunda frase, para confirmar que reconhecera com segurança a interlocutora, mas não foi preciso. Era dona Antônia, a fiel escudeira de ninguém menos que o governador mineiro Tancredo Neves. Trocamos um "como vai", e logo ela tratou de dizer por que ligara para a redação, que àquela hora parecia um deserto. "Olha, o doutor Tancredo gostaria de falar com o senhor." Fez-se aquele silêncio. "Houve algum problema?", logo perguntei. Na ponta da linha, ela foi delicada: "Não, de jeito algum. Mas ele pediu para marcar uma conversa com o senhor. Se puder ainda hoje, seria ótimo."

Marcamos então para a tarde, às quatro, no Palácio da Liberdade. Naquele dia, eu havia publicado uma nota em minha coluna nos jornais *Diário da Tarde* e no *Estado de Minas*: "Tancredo será candidato a presidente." De onde obtive a informação? Confesso que não veio de nenhuma fonte. Nasceu de uma interpretação pessoal de cenários. Foi minha dedução. Se a figura se torna governador de Minas, automaticamente se credencia para ser presidente. Atirei no que vi e acertei no que não vi. É uma questão de saber fazer a leitura política.

Tancredo havia ganhado a disputa em 1982, pelo PMDB, nas primeiras eleições diretas para governadores após 1965, derrotando o candidato apoiado pelo regime militar, Eliseu Resende, do PDS. Era uma candidatura que havia sido articulada ainda ali pelos anos 1980. Uns três meses depois de ele ter assumido o governo de Minas, publiquei, acho que por volta de junho, julho de 1983. Mesmo com a representatividade do *Diário da Tarde,* não tinha imaginado que haveria tanta repercussão, porque outras pessoas também começaram a ligar.

Mas marcada a audiência com o governador, passei, claro, a imaginar que tivesse relação com a nota publicada. Como ele reagiria é que eu não sabia. Cheguei e imediatamente ele me recebeu. Entramos numa salinha privativa. O Tancredo me abraçou. Dona Antônia estava ao lado. Ele logo abriu o diálogo com aquela cadência que lhe era peculiar: "Tudo bem, Paulo Cesar?" Eu o mirei ainda tentando interpretar o que me levara até ali. "Bem, e com o senhor?" O governador deu aquela respirada, como quem tinha a intenção de fazer um preâmbulo, e prosseguiu: "Você me ajudou a estar aqui neste lugar, pelas várias notas que você deu, e agora quer que eu seja presidente da República?" Respondi: "Claro." E ele: "Também quero, mas vou lhe pedir uma coisa. Não dê notas sobre isso até que eu lhe fale. Se essa informação se espalha por aí, vai me atrapalhar. Mantenha em sigilo. Já deu uma nota, não fale mais nisso, por favor." Eu: "Tudo bem, governador." Cumpri a promessa, claro.

E, realmente, ele queria ser presidente, como de fato o foi. Teve a sinceridade de me chamar e me falar, sem intermediários. Tancredo tinha uma deferência por mim, me tratava muito bem. Naquela época, eu morava na Rua Tomé de Souza, no miolo entre a Savassi, Santo Antônio e Lourdes, atrás do Palácio da Liberdade. Ele esteve mais de uma vez lá, jantando com pessoas que eu trazia de fora para pavimentar apoio a suas pretensões futuras. É preciso lembrar que a eleição era feita por um colégio eleitoral, indiretamente. E foi assim naquele janeiro de 1985, quando ele venceu Paulo Maluf, do PDS.

Eleito, há quem ache que ele foi um homem de sorte por não ter tido chance de assumir. Grosso modo, a fatalidade teria sido capaz de salvar a imagem dele. Seria problemático. Como estava o Brasil, seria muito difícil para ele governar. Naturalmente, não lhe faltaria legitimidade. E sua habilidade como político de mão cheia, homem sempre pronto para o diálogo, teria aberto muitos caminhos. Certamente, com sua credibilidade e respeitabilidade, seria um presidente melhor do que foi José Sarney, uma cria do regime militar. Tancredo teve capacidade de fazer a transição com costuras, conversas que varavam a madrugada e desafiavam o que poderia haver de lógica no mapa político.

Eu estava em Brasília na missa da qual ele participou um dia antes da posse prevista. Em meio a tanta gente naquele março, dois meses depois de eleito, pude cumprimentá-lo na Catedral de Brasília. A expectativa era imensa. A capital tomada por um clima de efervescência. O que explica o tamanho da frustração para todos os brasileiros. Naquele dia, ele deu entrada no hospital e de lá só sairia morto, num emblemático 21 de abril, Dia de Tiradentes, herói da Inconfidência. E permaneceu aquele dilema: assumia Sarney ou assumia Ulysses Guimarães, então presidente da Câmara? O general Leônidas Pires, ministro do Exército (não se esqueçam de que as Forças Armadas haviam deixado o comando do país, mas ainda tinham poder, muito poder), bancou a posse de Sarney.

Tancredo já eleito presidente, fui com meu saudoso amigo Camilo Teixeira da Costa, diretor dos Diários Associados, convidá-lo para um jantar. Estava conosco Paulo Cabral, outro diretor dos Associados, que perguntou a ele como queria que fosse o traje do jantar. "Sempre andei e só ando de gravata. Se vocês preferem outro traje, fiquem à vontade para usar." O jantar foi em Brasília, na casa de Paulo Cabral. Fomos de gravata, claro. Estavam lá muitos dos futuros aspirantes a ministros e um batalhão de assessores. Tancredo muito animado, radiante. Não parecia que enfrentava problemas de saúde. Fui também a outros jantares em homenagem ao presidente — mais uns dois ou três —, um deles na casa do Adolpho Bloch, que era dono da extinta Rede Manchete.

Na verdade, penso — e foi confirmado posteriormente — que Tancredo escondia seu estado crítico de saúde. Quando se sentiu mal durante a missa, sendo levado às pressas para o Hospital de Base, já se principiava uma atmosfera de comoção. Fui ao hospital. Estava uma confusão absurda, um entra e sai infernal, sem qualquer controle.

É bom lembrar que Tancredo havia criado um clima de engajamento cívico com a campanha das Diretas Já, ao lado de outras figuras como Ulysses, Covas, Brizola. Era político da velha guarda, com capacidade de antever cenários. Paralelamente, foi se articulando para chegar à Presidência pelo voto indireto. Fazia essa articulação a partir do Governo de Minas, especialmente por meio de José Hugo Castelo Branco, naquela época presidente do Banco de Desenvolvimento de Minas, o BDMG. Foi ele o responsável por conectar as pontes com muitas pessoas de fora de Minas Gerais que queriam apoiar Tancredo.

Fato é que o drama do presidente tinha todos os contornos novelescos. Conciliador, ministro de Getúlio Vargas, primeiro-ministro num período para lá de turbulento na crise do governo de João Goulart, conseguira unir forças antagônicas em torno da Nova República para, a poucas horas de assumir a Presidência, ir parar num atendimento de emergência hospitalar. Como milhões de brasileiros, eu nutri a esperança de que ele se recuperasse, tomasse as rédeas do governo e fizesse uma administração que entrasse para a história. Mas o destino, Deus, quem sabe, lhe privou dessa missão.

Minha crença de que seria capaz de superar o drama da saúde foi se desfazendo diante daquele cenário de incertezas, mas especialmente no dia em que publicaram aquela foto emblemática. Tancredo no hospital, ao lado dos médicos, usando robe de chambre! Certamente era uma cena montada. Eu estava em Brasília. Jantava no Piantella com o saudoso amigo Arthur Sendas. Comentei, duelando com minhas convicções: "Tancredo, infelizmente, está morto. Ele jamais faria uma foto usando robe de chambre publicamente. Foi montado para tentar disfarçar a situação dramática." Não me surpreendi quando foi anunciada sua morte, ainda que tenha sentido como uma perda no fundo da alma. Óbvio, não foi coincidência que tenha ocorrido num simbólico 21 de abril, para colar sua imagem à de Tiradentes, um mártir. Foi uma absoluta comoção como poucas vezes vi em minha vida. Imagens, cenas que mostram o Brasil e os brasileiros com um sentimento de imensa gratidão. É o que ficou de Tancredo.

Um jornal para assumir a liderança

Num final de tarde de 1980, fui tomar um uísque com o então deputado federal e empresário italiano Vittorio Medioli. Místico como eu, gostava também do jornalismo e já tinha o diário *O Tempo Betim*, na cidade que era sede da sua empresa, a Sada, responsável pelo transporte dos carros da Fiat para os quatro cantos do Brasil. Eu me recordo com perfeição de Medioli dizendo a mim que estava em seus planos fundar um jornal em BH. E eu me perguntando: será que haveria espaço o bastante? Se já tinha o objetivo, seu plano foi antecipado por causa de algumas reportagens infundadas que o *Estado de Minas* fez contra ele. Assim, vinte anos atrás lançava o jornal *O Tempo,* cujo grupo em 2015 passou a liderar o mercado mineiro lançando o jornal popular *Super Notícia* com tiragem recorde no Brasil — mais de 350 mil exemplares diários. Com seus 80 mil exemplares diários, *O Tempo* tem o dobro da circulação de seu concorrente.

É em *O Tempo* que escrevo um artigo semanal sobre política, às terças-feiras, mesmo dia em que também escreve Luiz Tito, um dos ases de Medioli e presidente da empresa que implanta em Betim o aeroporto Inhotim.

No ano passado, na esteira do sucesso do grupo, veio a Rádio Super, que mescla programação musical com jornalismo, prestação de serviços e esportes. No comando da Sempre Editora está o diretor-executivo Heron Domingues Guimarães, jornalista que recebeu o nome em homenagem ao meu saudoso amigo e jornalista Heron Domingues, com quem trabalhei no programa Heron com a Palavra, na extinta Rede Tupi. Depois, Heron seguiria para o Jornal Nacional, tornando-se o maior âncora que a televisão brasileira já teve.

Sempre o repórter, o jornalista!

Flávio Penna, jornalista

Antes de tudo, jornalista. É assim que defino o Paulo Cesar de Oliveira que conheci há alguns bons anos, bem antes de ele se tornar o PCO. À época, jornal era jornal, rádio era rádio, televisão era televisão e revista era revista. Mídia? Não, não existia, ainda não. No máximo eram veículos de comunicação. E como era difícil a comunicação. O estranho é que para o Paulo ela não parecia assim tão complicada. Ele sempre surgia com muita notícia diferente, que nenhum de nós conseguia. Era o velho Diário de Minas, *minha primeira experiência em impresso — era assim que chamávamos os jornais e revistas —, eu vindo do rádio. A gente correndo atrás da notícia, e ele com as mãos cheias delas, uma nota em cada lauda, cobrando do diagramador a melhor formatação da página. Paulo Cesar — ainda não era o PCO — era para mim, e para muitos que trabalhavam no jornal à época, a personificação de uma verdade no jornalismo: a notícia corre atrás do bom repórter. Esta é uma verdade. O fato de ter muitas fontes não fez com que ele se descuidasse da qualidade da informação. Esse é um traço que, trabalhando diretamente com o PCO jornalista-empresário, vejo que ainda é marcante nele: a cobrança pela "checagem" da informação. Num mundo que se transformou, onde as pessoas se consideram bem informadas com o que recebem nas redes sociais, a apuração é essencial. E isso ele faz questão de cobrar. A informação tem que ser precisa, mesmo que não totalmente completa. É que muitas vezes não se consegue ter acesso, num primeiro momento, a todos os dados de uma informação. Afinal, há sempre alguém interessado em esconder algo. A lição do PCO que eu procurei assimilar era simples: se tem segurança na informação, publica. Vai ajudar a liberar o restante que está escondido. E olha que esse era um comportamento muitas vezes arriscado à época. Eram os anos 1970, de censura pesada. Passados os anos e alguns veículos depois, antes de se chegar ao PCO empresário, garanto que a preocupação é a mesma. Paulo ou PCO, como queiram, continua jornalista. Para ser mais claro, repórter, correndo atrás da boa notícia. Isso é uma segurança para quem o acompanha no dia a dia. Pode-se até discordar de suas opiniões, de seus posicionamentos, mas não há como questionar as informações que passa. Esse é um traço muito importante num mundo de fake news, onde se planta informação de forma irresponsável, sem qualquer preocupação com a reputação alheia. A história do Paulo Cesar de Oliveira, o PCO, o cronista do cotidiano, assegura a qualidade da informação que você recebe. Por pior que ela seja. Afinal, jornalista não faz a notícia. Ele só a transmite.*

De estadistas a raposas magras

Com Tancredo Neves eu de fato obtive lições duradouras a respeito da política. E até mesmo amadureci minha visão sobre outros presidentes — para o bem e para o mal. Cada um a seu tempo emprestou um estilo próprio à forma de governar. Uns mais bem-sucedidos, outros nem tanto. E a relativização sempre presente para nos ajudar a compreender a relevância daquilo que fizeram, como e por que fizeram. Um Getúlio Vargas haverá de ser entendido sob muitos ângulos. O do presidente que tinha pouco apreço à democracia, numa primeira fase. O dirigente popular, depois com voto direto, e responsável pela implantação de marcos como a Companhia Siderúrgica Nacional e a Petrobras.

Já Juscelino Kubitschek é um caso à parte. De longe, o maior estadista que este país já teve. Visão, audácia. Ninguém pensa num espaço como Brasília sem que lhe visite o grão da genialidade. JK, curiosamente, atravessara meu caminho ainda menino. No Colégio Marista São José, em Montes Claros, eu em calções curtos, uma foto registra meu momento ao lado do presidente, quando esteve ali para uma cerimônia oficial. E anos mais tarde, ele já fora do poder, antes de partir para o exílio, em Paris, estivemos juntos, só que dessa vez de uma forma planejada. A meu pedido, na fase inicial como jornalista em Belo Horizonte, Serafim Jardim, seu fiel escudeiro, e Carlos Murilo Felício dos Santos, que foi deputado, marcaram um encontro. Eu exalava expectativa até pelos poros. Pude recebê-lo num bar na região central de Belo Horizonte, no Hotel Del-Rey, onde morei por uns tempos. Era uma figura encantadora. Mais do que isso, um senhor presidente. Se não o maior, um dos maiores.

Para além de um político, JK foi um administrador competente e com um olhar voltado para o futuro. Digo isso quanto a sua passagem pela Prefeitura de Belo Horizonte nos anos 1940, pelo governo de Minas Gerais na década de 1950 e, finalmente, pela Presidência, eleito em 1955. Ele certamente teria voltado ao poder pelo voto se não fosse o movimento militar de 1964. Prefeito, fez obras como a Avenida Antônio Carlos, que ligava o Centro à região da Pampulha, uma artéria vital até hoje para a cidade. Foi criticado, talvez incompreendido, acusado por alguns de pensar grande demais. Mirava o amanhã. Já encastelado no Rio de Janeiro, pensou em Brasília. Visão de estadista. Veja os binômios desenvolvimento e energia, a articulação para trazer a indústria automotiva para o Brasil. O bom é que a História tratou de calar os que o tachavam de megalomaníaco.

Dele vamos a Jânio Quadros, que, queiram ou não queiram, era um doido, ainda que muito inteligente. E vejam que extremas coincidências. Eu o conheci pessoalmente quando eu estava entre a infância e o início da adolescência. Eu ainda era um menino, vivendo no norte de Minas, eis que Jânio se hospeda em nossa casa, em Montes Claros. Candidato à Presidência em plena campanha, havia sido convidado por meu pai para se instalar conosco. Papai, Décio Lopes de Oliveira, era um udenista ferrenho, com muita influência na cidade, onde presidiu a Associação Comercial e participou de movimentos que ajudaram a levar asfalto até lá nos anos 1950.

Jânio e sua vassourinha! Nada mais estranho... Fato é que acabaria eleito no segundo semestre de 1960 com aquele discurso moralizador, especialmente a promessa de "varrer" a corrupção do país. Uma vez no poder, veio o que já se conhece: um governo errático, contraditório, conturbado, sem base de apoio no parlamento.

Não passava de uma figura folclórica, preocupado com rinhas de galo, veto aos maiôs cavados em concursos de beleza, restrição a corridas de cavalos. Em resumo, um louco. E em sua articulação política fica claro que Jânio queria ser ditador. Fez um blefe exigindo do Congresso mais poder. O ato de renúncia foi uma jogada pensando que não o deixariam sair e lhe dariam todos os poderes. O próprio Zé Aparecido, mineiro de Conceição do Mato Dentro, que foi secretário particular de Jânio, chegou a me revelar isso.

Lembranças de JK, o estadista

Há figuras que entram em nossa vida pela janela da história – às vezes também a da alma. Foi assim com Juscelino Kubitschek. Então, sempre quando vou almoçar no restaurante Maria das Tranças, um belo casarão da Rua Professor Moraes, na região do Bairro Funcionários, em BH, me vem a lembrança os dois encontros pessoais com aquele que foi o maior estadista que este país já teve, o saudoso presidente JK.

Por que vem a lembrança? Porque na parede do estabelecimento comandado pelos empresários Ricardo Rodrigues e Marcelo Solmucci há imagens emblemáticas. Retratos de várias passagens de JK fotografado pelo saudoso repórter-fotográfico José Goes, com quem convivi e que fornecia muitas fotos para minhas colunas. Um dos encontros que tive com JK ocorreu no bar do Del Rey, o primeiro hotel de luxo de BH, onde residi e trabalhei por quase oito anos. Foi levado por seu secretário-particular Serafim Jardim, que se manteve a seu lado na condição de ex-presidente. JK tinha uma carisma e uma simpatia como ninguém. Naquele papo que qualifico como um privilégio por estar com o grande estadista que este país teve, contei a ele que era afilhado de batismo de Antonieta Nonato da Silva – minha tia Neta e quem criou mamãe –, casada com Orozimbo Nonato da Silva. Ex-advogado-geral e desembargador por Minas, ex-consultor geral da República e então ministro do Supremo Tribunal Federal, ele recusara o convite de JK para integrar seu governo na nova capital do Brasil.

Em outra oportunidade, estive com JK num jantar black-tie na mansão de Zilda e Alair Couto, que marcaram época em BH. JK me tratou como um velho conhecido dele. São passagens que, definitivamente, me marcaram.

Qual a porta de saída?

Olhando a História do Brasil, o que a gente fica se perguntando é quando vamos sair do turbilhão. Escapamos de um Jânio e caímos num João Goulart tutelado, metido no olho do furacão da Guerra Fria. Tanto impasse, radicalizações de parte a parte até darmos com o regime militar. Fizeram uma "revolução" que não foi revolução. Nem sangue houve. Alguns avanços estruturais são inegáveis. Mas faltou democracia, faltou transparência.

Chegamos a um José Sarney, para quem a Presidência caiu no colo com a morte de Tancredo Neves (esse país é um enredo de novela, meu Deus). Em meio à desconfiança, Sarney, egresso do PDS, ligado ao regime militar, toma posse com a missão de restabelecer a democracia e sob o desafio de domar uma inflação galopante. Convidou várias figuras que seriam do governo de Tancredo. Algumas delas, mineiros como Leopoldo Bessone, ministro da Reforma Agrária, além de José Hugo Castelo Branco, meu saudoso amigo, que ocupou a Casa Civil e, depois, o Ministério da Indústria e Comércio. Ali despontava uma figura escolhida por Tancredo, o João Doria, nomeado para presidir a Embratur. Ele era filho do deputado federal João Doria, de quem Tancredo havia sido colega. Não foi surpresa vê-lo eleito para a Prefeitura de São Paulo ainda no primeiro turno em 2016 e para o governo de São Paulo, em 2018.

Fato é que as condições estruturais do país se dissolviam. E Sarney, entre idas e vindas, fracassou na tentativa de estabilizar a economia. Tentou o Plano Cruzado, que inicialmente parecia uma boa saída, veio com o Cruzado II, o Plano Bresser, o Plano Verão. Para ruína do Brasil, não deu certo. Terminou o governo com uma inflação superior a 80% ao mês. No fundo, por conhecer o Sarney, um político que jamais se desgrudava do poder, ele foi fiel a minhas desconfianças: era fraco, demasiadamente fraco.

Dali partimos para um Fernando Collor de Mello, cuja popularidade era impressionante. Nesse sentido, era mesmo um fenômeno. Eu o conheci ainda em Brasília, antes de ser prefeito de Maceió. Era muito amigo do colunista Gilberto Amaral, cuja casa frequentava. Em Alagoas, vi cenas que, contando, muita gente duvidaria: literalmente, o povo pulava em cima dele, se agarrava ao pescoço. No poder, porém, foi uma decepção. É inteligente. Do ponto de vista político, seu grande erro foi desconhecer o Congresso. Do ponto de vista moral, foi o fato de ele e PC Farias terem assaltado o governo.

Mesmo sob crise, insisto que um dos problemas que levaram a sua saída da Presidência foi não ter base parlamentar. Se ele tivesse feito composições com o Congresso, provavelmente não teria caído, não teria sofrido o impeachment, não teria recorrido à renúncia. Por outro lado, é preciso reconhecer que fez coisas positivas, como a liberação para importação no setor automotivo. No campo da economia, o confisco da poupança provocou uma grita geral. Havia, entre os economistas, quem defendesse.

Fato é que ele e seu governo foram perdendo a credibilidade escândalo após escândalo. E, no fundo, como estava completamente deslumbrado, achava que poderia tudo, que se sustentaria. Na política, imaginar que não precisava dessa interlocução — não falo necessariamente de fisiologismo —, que poderia tomar as decisões sem compor com o Congresso, se pautar isoladamente, era caminho para a morte do mandato.

E mais uma vez um vice-presidente assumiria o poder. Mas o clima era de otimismo com Itamar Franco. O que pouca gente tem ciência é que, desde a eleição, Collor e Itamar já não se entendiam. Se tivesse dependido só de Collor, ele teria refeito a chapa mesmo em campanha, porque não queria Itamar, como se sabe, uma pessoa muito correta, mas difícil. Houve muitos atritos. Eles entraram no governo praticamente rompidos. Um detalhe que chama a atenção é a conduta de Itamar, que em momento algum caiu na tentação de conspirar. Ficou quieto até mesmo nos períodos mais duros para Collor.

Uma vez empossado, Itamar se tornou um grande presidente. Imagino que tenha surpreendido muita gente, ainda que uma parcela considerável, especialmente na imprensa, continuasse erroneamente tratando-o como um provinciano, até com ares de lunático. Tomou atitudes marcantes, como o Plano Real, criado por ele, mesmo que Fernando Henrique, como ministro da Fazenda, advogue para si a paternidade. Itamar ficava uma fera com a apropriação alheia, que tirava dele o protagonismo quando o assunto eram as medidas que devolveram a tão sonhada estabilidade econômica ao Brasil.

E tinha uma postura louvável quanto à moralidade no trato da coisa pública, sem os arroubos teatrais de outros políticos por aí. Exemplo disso é a conduta que teve com relação a um de seus ministros, Henrique Hargreaves, que dirigia a Casa Civil. Acusado de desvios, Itamar o afastou para apuração das denúncias e, comprovada sua inocência, foi reconduzido. Seu ministério de notáveis permitiu que deixasse o governo com ótima aprovação. Muitos o classificavam como um bobo. E ele mostrou que não era nada disso. Ao contrário. Era firme, elegante.

Tivemos uma pequena convivência, menos próxima do

que com outros líderes políticos. Jantou em minha casa numa ocasião, já como ex-presidente, candidato a governador. Um encontro prestigiado. Estava lá um amigo em comum, o José de Castro Ferreira, que havia sido advogado-geral da União. Num dos episódios do governo Itamar, quando José de Castro Ferreira foi assumir a Telerj, quem era o presidente da companhia? Eduardo Cunha — sim, o deputado federal que seria um dos pivôs do impeachment da presidente Dilma Rousseff em 2016 e acabaria preso, acusado de corrupção. Já forte naquela época, ele tinha na mão toda a bancada federal do Rio de Janeiro, certamente comprada com verbas de campanha. Demoraram seis meses para retirá-lo da direção da Telerj.

Itamar, bom administrador, era também um grande marqueteiro. Fazia tudo de forma pensada. Arquitetou saídas inteligentes diante de seus desafetos. Há o episódio do ex-governador baiano Antônio Carlos Magalhães, um dos expoentes civis do regime militar que, com sua astúcia política, se tornara ministro na gestão Sarney. ACM ameaçava fazer uma série de denúncias contra Itamar e seu governo, pedindo uma audiência particular. Itamar, espertamente, convocou toda a imprensa. Ali, ACM, que levara não mais que uma pasta com recortes de reportagens sobre supostos escândalos governamentais, perdeu o rumo de casa.

Quando já era governador de Minas Gerais, houve também a batalha em torno do controle da Cemig, cujo poder havia sido transferido para a norte-americana AES no governo do tucano Eduardo Azeredo. Era um contrato um tanto estranho, que dava direito de veto aos estrangeiros, ainda que donos de 33% da empresa. Itamar brigou até o fim e conseguiu barrar os termos na Justiça. Junte-se a isso a resistência à privatização de Furnas, o que o colocou em pé de guerra com Fernando Henrique Cardoso. Com direito a exercícios militares, tanque de combate estrategicamente colocado diante do Palácio da Liberdade. Mas os valores em Itamar Franco estavam para além disso, para muito além.

Fernando Henrique Cardoso, o sociólogo que chegou à Presidência graças a Itamar Franco, poderia ter sido um ótimo presidente. Cumpria um primeiro mandato brilhantemente, fazia o país experimentar o raro gosto da estabilidade, com controle da inflação, capacidade de planejamento pelo menos de médio prazo. Enfim, era um outro Brasil. Mas desandou quando lhe subiu à cabeça a ambição pelo poder e passou a lutar pela reeleição. Evidentemente, acionou a máquina governamental. A coisa começou a degringolar.

Para aprovar a medida no Congresso, escalou seu fiel escudeiro, o então ministro das Comunicações, Sérgio Motta, que saiu comprando parlamentares, deputados federais. Foi um custo enorme para o Brasil. Foi bom no início, mas depois caiu na raia comum, na sanha por se agarrar ao cargo. E, para piorar, errou em suas escolhas internas quanto ao candidato para tentar sucedê-lo. Teria um postulante com chance de ganhar, o então presidente da Câmara, Aécio Neves. Seria a vez do Aécio. Mas lançou José Serra. E digo que o fez estrategicamente. Sabia que Serra perderia. E projetava um desastre num possível governo petista. Imaginava que uma vitória de Lula na disputa de 2002 abriria as portas triunfalmente para sua volta. Errou o cálculo, e errou feio.

Uma caixa de surpresas

Maria do Socorro Almeida, administradora de empresas e comunicóloga

Estávamos no ano 2000, eu trabalhando com Eduardo Avelar na Terra Promoções e Eventos, quando ele me chamou para irmos ao Jornal Hoje em Dia, onde falaríamos sobre um evento chamado "Melhores de Hoje". Quando entramos na sala, me deparei com Paulo Cesar de Oliveira, que eu obviamente sabia de quem se tratava por causa do seu trabalho na imprensa, mas o conhecia apenas de vista – e de nome, como PCO.

Confirmei ali muito do que eu ouvira, e de fato foi a minha primeira impressão: era uma pessoa sisuda, difícil e de temperamento forte. Confesso que já fui meio ansiosa para essa reunião. Na sala estavam Ana Lúcia Cortez, sua secretária à época, e um rapaz novo, o Denilson, espécie de faz tudo. Lá se vão quase duas décadas e ambos seguem ao lado dele hoje. Aliás, abrindo um parêntese, essa é uma situação recorrente na vida do Paulo: muitos dos que o cercam terminam por acompanhá-lo por vários anos – seja no campo profissional ou no pessoal. E não é que entrei nesse time! Desde quando com ele estive pela primeira vez, houve trabalhos conjuntos, fosse como freela ou colaboradora. E lá se vão 18 anos!

Voltando ao primeiro contato, naquele momento eu já tomei um susto porque ele, mal acabando de me conhecer e antes mesmo de falarmos do evento, me disse, curto e direto: "Menina (nesses idos ainda podia ser chamada de menina....), como você consegue andar em cima de uma sandália dessas, que ainda por cima nem é bonita? Vai virar e quebrar o pé". Óbvio, quase morri de vergonha e nunca mais me esqueci dessa sandália. De lá pra cá, mesmo fora da Terra Promoções, continuei a fazer o evento Melhores de Hoje, depois o lançamento da Revista Encontro, idealizada por ele, os primeiros festins em Tiradentes, que foram os embriões do Conexão Empresarial Tiradentes, realizado anualmente há 10 anos, e, claro, o lançamento da Revista Viver Brasil e do Jornal TudoBH. Além de alguns aniversários dele (que adora comemorar) e outros eventos da VB Comunicação.

Criamos, ao longo desse tempo, uma história bonita de ajudas mútuas, confidências, ricas conversas sobre família, trabalho, vida, enfim. Paulo é muito mais de ouvir do que falar. E mesmo eventualmente parecendo que está ouvindo, mas não está escutando, mais à frente você se surpreende quando ele volta ao assunto e relembra tudo que você disse. Temos algumas diferenças nos nossos modos de agir. Eu sou cautelosa, prudente, da temperança. Ele é imediato, impulsivo, às vezes explosivo e franco demais. Mas é sempre atento, preocupado e proativo com as necessidades das pessoas que são próximas a ele.

Em inúmeras ocasiões o vi pegando o telefone e se colocando inteiro para ajudar a resolver algum problema de um amigo ou colaborador. Já tivemos uns embates por causa dessa diferença de temperamento, mas que nunca comprometeram os laços de profunda amizade que nos unem, acima de tudo. Longe de ser unanimidade, em uma questão, porém, tenho certeza que todos concordam: é um trabalhador incansável. Nunca o vi reclamar de cansaço, de sono, de qualquer tipo de impedimento. Sonha e vai em busca de seu sonho.

Sou reconhecida e grata a ele por muitas oportunidades e portas que a mim abriu, pessoas incríveis às quais me apresentou, momentos difíceis em que me amparou, eventos maravilhosos que pude ajudar a realizar. Deixo aqui uma mensagem do meu imenso carinho e da alegria em, mesmo que em uma pequena parcela, fazer parte dessa história.

Do respeito à crítica

A primeira vez que falei com Lula foi antes de seu mandato inaugural. Durante o período da campanha presidencial, fui visitar José Alencar em seu gabinete, na Coteminas. Nós conversávamos num clima tão próprio daquele seu espírito de naturalidade, de sorriso largo, quando o telefone tocou. A secretária do empresário mineiro, vice na chapa do pernambucano, avisou que era o Lula. Eles se falaram por um longo tempo e, ao fim, José Alencar me estendeu o aparelho: "Fale um pouco com o 'presidente'." Trocamos algumas palavras protocolares e houve tempo até para os diálogos informais. Eu o senti um tanto à vontade.

Depois, tivemos um contato direto, num encontro no Palácio da Liberdade. Eu era um dos convidados no evento em que foi recebido pelo governador Itamar Franco e pelo prefeito Fernando Pimentel. Fomos apresentados, nos falamos por não mais que uns cinco minutos. Há quem goste, há quem não goste. Fato é que Lula é uma figura que encanta. Parece um conhecido de longo data. Mas confesso que não tinha muita expectativa quanto a seu governo.

Nessa questão do trato pessoal, eu me surpreenderia num jantar na Serraria Souza Pinto, um dos grandes centros de convenção de Belo Horizonte. Era uma promoção em que o Alencar reunia figuras expressivas das classes produtoras, a nata do PIB mineiro. Como a solenidade se arrastava, resolvi ir embora. No momento em que andava pela área de estacionamento, percebi que entrava um carro com uma entourage. Parei, já imaginando se tratar da estrela da festa. Do automóvel saiu primeiro Robson Andrade, que presidia a Federação das Indústrias de Minas Gerais. Ele me cumprimentou. Logo veio Lula. "Presidente, quero te apresentar o..." Lula o interrompeu: "Já conheço, é o Paulo Cesar." Aí me ganhou, me impressionou. Eu havia estado com ele em uma ocasião. Não é todo mundo que um presidente da República reconhece depois de ver uma única vez.

Sobre seu governo, o grande mérito foi ter conseguido fazer a chamada inclusão social, uma administração voltada para o povo. Pessoas que não tinham casa passaram a ter casa. Pessoas que não tinham carro passaram a ter carro. Gente que não tinha recursos entrou para a universidade. Era uma figura adorada. E não era popular só entre o povão. Há muita gente da classe média que gosta, admira, ainda que não fale. Até mesmo entre os empresários muitos o apreciam. Duvido que alguém não se renda a ele. É realmente carismático. Mas seu partido, o PT, parece ter gostado do poder e do dinheiro, dando origem ao Mensalão.

No fim do mandato e candidato à reeleição, achei ele que não seria reconduzido, mas sua popularidade era tão grande que conseguiu. Com ele já fora do governo, veio o Petrolão, um escândalo vergonhoso. Admiro Lula, a despeito de tudo o que é mostrado sobre as acusações contra ele. Enfim, coube à Justiça decidir seu destino, sendo acusado de desvios, condenado e preso.

Dentre suas "obras", a mais controversa talvez tenha sido Dilma Rousseff, a quem faria sua sucessora. Dilma foi eleita exclusivamente por Lula. Não tinha nenhuma condição de se eleger sozinha. Na verdade, o plano do Lula era voltar depois dos primeiros quatro anos dela. No entanto, o poder corrompe as pessoas. Dilma e seu grupinho gostaram do Palácio do Planalto e quiseram se reeleger. Seu primeiro governo foi sofrível. Não foi o que o Lula e o povo esperavam. E olha que votei nela. Vim a conhecê-la num dos programas de nossa Conexão Empresarial em Tiradentes. Na época, 2010, era nítido como o empresariado não tinha muita simpatia por ela. No encontro, levada por Walfrido dos Mares Guia (ex-ministro do Turismo de Lula) e por Fernando Pimentel, candidato ao Senado, ela acabou surpreendendo. Agradou, criou um bom clima. Acho que ali conquistou votos.

Mas é uma pessoa difícil. Faltou a ela maturidade no trato político. Não tinha boa relação com o Congresso e não soube contornar essa deficiência. Seu grande erro talvez tenha sido lutar por um segundo mandato. Pessoalmente, me parece ser correta, mas tenho muitas dúvidas quanto à turma à sua volta.

O que dizer de sua saída? É certo que não fizeram bem ao país essa batalha e tudo o que envolveu o processo do impeachment. É um trauma que desconstrói. E dizer que fortalece a democracia é mero discurso. Penso o contrário. Não deixa de ser um atraso. Mexe com tudo, da economia à confiança. De qualquer forma, é o jogo do poder, que ela não soube ou não teve forças para jogar. Faz parte. Vamos em frente.

É difícil prever como o governo se desdobraria com ela no comando. Talvez não chegasse bem ao final. A economia mal, ela manquitolando politicamente. Uma grande interrogação.

E fomos parar em Michel Temer, outra vez um vice que seria empossado, assim como nas crises políticas envolvendo Jânio Quadros e Fernando Collor. Intimamente, imaginava que ele poderia chegar a se tornar um novo Itamar Franco, apesar de serem figuras completamente diferentes. Mas já na apresentação de seu ministério era visível que não daria certo. Pecou nas escolhas, sendo logo obrigado a afastar alguns deles. Decepcionou. Quando se esperava que teríamos pelo menos uns dez nomes notáveis, nos foi apresentada a velha guarda bandida. Um café requentado e amargo além da conta.

Não demorou para que surgissem as primeiras denúncias que também o comprometiam. Há méritos em se esforçar para implantar reformas estruturantes, como a trabalhista (que conseguiu), a previdenciária, a tributária. Mas gastou uma enorme energia ao se ver obrigado a assumir uma posição permanente de autodefesa. Para piorar, ficou nas mãos de um Congresso em que pouquíssimos representantes se salvam. Que Deus olhe pelo Brasil.

Confie desconfiando

Confesso que, com tantos sinais contraditórios, situações obscuras e lances teatrais, não é fácil para um jornalista lidar com essa área. Se para o exercício cotidiano o jornalismo exige cuidados especiais, no meio político eles precisam ser redobrados. O repórter tem que estudar todos os ângulos, avaliar todas as hipóteses. Saber que nem todos os pingos estão nos is. Mas não se trata, e deixo isso sempre claro, de execrar ou condenar sumariamente a política. Sem ela, faremos o quê? É preciso dizer que a própria política mudou muito — e para mal. Político mente? Mente. Mas quem não mentiu? Não estou justificando, só lembrando que se mente em qualquer setor. No caso da política, às vezes faz parte do blefe. Daí, a importância de um olhar crítico para nos ajudar a aprender a ler nas entrelinhas.

Anos atrás, os jornalistas que cobriam o setor chegavam a ter uma relação mais próxima com parlamentares e autoridades. Era uma forma de criar confiança mútua, sem permitir, naturalmente, que isso interferisse na independência do profissional. Foi assim comigo. Hoje mudou bastante esse conceito. Não há mais essa cumplicidade, nem mesmo confiança para passar informação ou para acreditar na lisura dela.

Mas peguei a política numa outra fase. Se havia balcão de negócios? Certamente havia. Mas não era descarado, uma vergonha geral, como é hoje nos planos federal, estadual e municipal. Havia os escândalos, mas sem o mínimo grau de comparação. E digo com o olhar de quem acompanha a política há mais de cinquenta anos. Antigamente, havia "comissões". Agora, virou propina. Gente como um chefe de gabinete da Petrobras, condenado por desvios ao lado de vários políticos e empresários, que devolveu 100 milhões de dólares. Se repôs uma quantia dessas, o que não estará escondido?

Para separar o joio do trigo eu sempre cito bons exemplos de figuras como Juscelino Kubitschek, que foi prefeito, governador, presidente. Não era um homem de grande fortuna. Mirem os políticos atuais para se ter uma noção da discrepância. Um disparate. O mesmo vale para um Israel Pinheiro, que comandou a construção de Brasília, e não fez rios de dinheiro por isso.

E não é uma visão romântica. Digo e repito como um mantra que as coisas foram evoluindo para o mau sentido exatamente por causa da impunidade. Que me tachem de ortodoxo, mas não tenho medo de afirmar: se não houver rigor absoluto e tolerância zero com os desvios (sempre dentro dos princípios democráticos), não vamos a lugar algum. A passividade das reações, seja institucional ou popular, só ajuda a manter as coisas como são. Concordando ou não com o teor ou as motivações, as manifestações de 2013, em que houve episódios de violência e vandalismo, acabaram levando o governo de plantão à loucura e forçaram mudanças radicais de comportamento do poder e de agentes públicos.

O que surpreendeu posteriormente é que até instituições que inicialmente tiveram ações exemplares, como o Judiciário e o Ministério Público, passaram a extrapolar, na linha do prende e arrebenta. Começaram a se achar donos do país. Os juízes, que faziam parte de um grupo inatacável, deixaram de sê-lo. Assim como o MP, que caiu na vala comum no trato com a coisa pública quando o assunto é remuneração, por exemplo. Os tais penduricalhos levaram os salários nessas áreas a algo completamente fora da realidade. Passaram a ganhar horrores. E quem, afinal, vai respeitar teto salarial constitucional para o servidor público se os que deveriam zelar pela Constituição não o fazem?

Onde está a saída para tudo isso? Sei que está longe. O Brasil é um país conservador. Eu, pessoalmente, não acredito no conceito de ideologia no estilo esquerda-direita, algo que não cabe mais. As pessoas se tornaram pragmáticas. Não acredito, pensando na esquerda, no conceito de igualdade. Assim como não acredito, pensando na direita, na perspectiva de deixar tudo ao sabor dos ventos. Defendo, sim, que haja o bem comum, que todos tenham condições de melhorar de vida. Não cabe utopia, mas também não cabe tanta desigualdade.

No fundo, no fundo, há um equívoco em mirar os problemas e pensar única e exclusivamente em governo, como se fosse uma visão paternalista. Assim, seguiremos num beco sem saída. Miremos o parlamento. Existe algo de pior qualidade que nossos representantes? Nunca vi nada tão ruim. Um balcão de negócios, uma mordomia gigantesca e inaceitável. Estão lá para fazer leis, mas não fazem. Quantos fichas-suja? Mas a pergunta que não quer calar é a seguinte: quem os elegeu? Ah, bom... Então, nós, brasileiros, que façamos a autocrítica. E não vejo como melhorar tão cedo. Não é possível que o povo não esteja percebendo quem está colocando lá. Para que mais de quinhentos deputados? Para que tantos senadores? Alguém quer consertar isso? Não. Não é por acaso que, nas eleições, se dê o festival de abstenções, voto nulo ou em branco.

Assim, fica notório que a reforma política não será feita por quem está aí. E não sonhemos com pacto nacional por ela. Quem vai fazer? Ao mesmo tempo, é preciso depuração política. Mas como depurar, se o brasileiro vota tão mal? E não é visão catastrófica. É realista.

Por outro lado, há uma passividade geral. Com essas denúncias envolvendo todos os políticos, houve situações que previ: a população vai às ruas, cerca o palácio, o parlamento, quebra tudo. E o que aconteceu? Nada. Nesses momentos, juro que pensei em nações desenvolvidas que passaram pelo derramamento de sangue para chegar ao patamar ao qual chegaram.

Fato é que há muito, mas muito o que mudar. A começar por procedimentos que se revelam mera hipocrisia. Costumo dizer que no Brasil não há lobby. Há corretagem. O lobby como convencimento, institucionalizado, como nos Estados Unidos, não funciona por aqui. E é o modelo que deveríamos seguir. Há ainda os exemplos pessoais, dos que fazem o discurso de uma ordem e, na prática, o subvertem, fingem que não veem. Estávamos num jantar, e havia uma senhora falando sobre corrupção, xingando, esbravejando. Como conhecia sua situação, chamei-a delicadamente e pedi que refletisse: "Seu marido é um grande empresário. Quando ele convida um comprador para uma pequena viagem, manda uma caixa de uísque, o que isso significa?" Ela respondeu: "Faz parte do jogo." Eu repliquei: "Não, minha senhora, não deixa de ser corrupção." A mulher se amiudou, parecia discordar, mas sem argumento, desconcertada...

Voltando aos políticos, o exercício profissional foi nos ensinando que a cautela era nosso melhor conselheiro. Que uma notícia costuma ter uma simbologia bem próxima à de um caleidoscópio — assume uma forma vista por um ângulo, uma segunda vislumbrada por outro... Mas a maturidade nos vai salvando e nos livrando das terceiras intenções, assim como a velha norma de checar antes de publicar. Eu, particularmente, sempre soube interpretar as terceiras intenções. Havendo dúvida, eu ia direto à fonte: "Qual o seu interesse nessa notícia?"

Isso me faz recordar um jantar no Palácio das Mangabeiras com meu saudoso amigo, o então governador de Minas, Hélio Garcia. Sua presença ali provava que, diferentemente do que muitos diziam, de que ficava somente enchendo a cara de uísque e que era tolo, de tolo não tinha nada. Como poucos, sabia ler nas entrelinhas. Estávamos lá com outras pessoas, como seu assessor, Ildeu Casagrande, e o jornalista Leonardo Fulgêncio. Chegou uma determinada figura que eu não conhecia. A certa altura, se dirigiu a Hélio, mencionando uma situação específica: "Governador, o senhor poderia resolver isso para mim...." Ele reagiu: "Ô, seu filho da puta, acha que eu sou bobo. Se está pedindo isso, fala logo exatamente para que você quer. Está pedindo como se fosse um favor, mas admita que vai ganhar, vai ter algum, fale logo que é isso." Hélio não tinha nada de papas na língua nem meios-termos.

Hoje, no fundo, não tenho mais simpatia pelos políticos como tinha. A maioria só quer saber de negócios, do interesse próprio. E, do ponto de vista jornalístico, não há algo que irrite mais um político do que as críticas. Houve uma reportagem na revista *Viver Brasil* com um determinado deputado. Numa entrevista, ele fazia críticas a um colega parlamentar. O deputado criticado não mantinha nenhuma relação institucional conosco. Aliás, era como se não tivéssemos qualquer representatividade. Eis que, assim meio que do nada, nos liga exatamente o tal deputado. Não menciona a reportagem, não menciona as críticas. Queria tão somente marcar uma visita protocolar. Esses efeitos milagrosos do jornalismo...

Claro, não seria a primeira vez nem a última. Quando eu mantinha a coluna social nos jornais, havia quem reclamasse diretamente com o dono. Como eu reagia? Dependendo era até bom, porque daí a gente colocava na geladeira. Há muitos anos, nos tempos do *Estado de Minas*, publiquei uma nota sobre um político que queria ser prefeito de Belo Horizonte. Era período de eleição indireta, com indicação do governador. Eu dizia que esse fulano havia viajado à Europa numa comitiva do governador indicado, Aureliano Chaves, para tentar se cacifar como o futuro prefeito. Foi atrás para se garantir, mas não conseguiu. Publiquei o nome e tudo o mais. Quando voltou, ele procurou um amigo nosso, o jornalista Délcio Monteiro de Lima, e fez um pedido: que eu nunca mais publicasse o nome dele em minhas colunas. Ah, é? Feito. Cumpri a promessa. Isso era em meados dos anos 1970.

Parei, nunca mais o nome dele entrou em minhas colunas.

Posteriormente, passou a se queixar por não ter o nome mencionado, tentou contornar. Mas aí já era tarde. Minhas notas eram picantes, mas verdadeiras. O sujeito poderia se irritar, mas não contestar. E se a notícia era verídica, não havia o que fazer.

Nada como um dia após o outro

Eu me recordo como se fosse hoje. Em 2016, o agora vice-governador de Minas, Paulo Brant, companheiro de chapa do governador Romeu Zema, eleitos em 2018, foi almoçar no meu apartamento. Era também uma visita de cortesia, pois eu não estava saindo de casa em função de uma cirurgia. Estávamos à mesa acompanhados de meu filho Gustavo Cesar e de nossa fiel escudeira Socorro Almeida, quando Paulo contou que à noite o então prefeito de Belo Horizonte Marcio Lacerda deveria anunciá-lo candidato a prefeito de Belo Horizonte.

Saiu do almoço animadísssimo. Ninguém imaginava que no final daquela tarde receberia emissários de Lacerda para trazer-lhe a mensagem amarga do prefeito: não seria mais o candidato a sucedê-lo. Brant tinha renunciado à presidência da Cenibra justamente para entrar na campanha e de uma hora para outra acabava surpreendido por uma decisão como aquela. Horas antes, pela manhã, tinha estado com a família dele na casa de Lacerda, num gesto para selar o lançamento da candidatura. A substituição pelo nome de Délio Malheiros, então vice-prefeito, deixou o próprio Brant e todos de seu círculo íntimo em estado de choque. Malheiros, como se sabe, naufragaria ainda no primeiro turno.

Eis que a vida, e a política em especial, são mestres em dar lições às pessoas. Na base do 'nada melhor do que um dia após o outro'. Na campanha de 2018 ao governo de Minas, Brant foi chamado pelo azarão Zema, do Novo, para ser seu vice. E quem poderia imaginar que, nas maquinações do jogo partidário, Lacerda fosse obrigado a retirar sua candidatura pelo PSB, enquanto Paulo Brant se confirmaria como vice-governador eleito. É o destino.

Ele é irmão do ex-deputado e ex-ministro Roberto Brant – uma das cabeças privilegiadas da política brasileira. Secretário da Fazenda em Minas entre 1991 e 1995, Roberto teve seu nome pensado pelo saudoso Hélio Garcia para sucedê-lo, como à época me confidenciou o próprio governador.

Como um camaleão

Wagner Gomes, articulista político e econômico

Contundente, enigmático, assertivo, contestado, polêmico, temido, controverso e galante são alguns dos muitos adjetivos que já ouvi para qualificá-lo. Quando jovem, já se distinguia dos demais rapazes por uma marcante personalidade. Sem papas na língua, os eixos que hoje sustentam sua trajetória já imbricavam horizontes jornalísticos. Assim estava escrito, e sua estreia nesse setor ocorreu na extinta Gazeta do Norte.

A pequena cidade de Montes Claros daquela época não foi suficiente para o pleno exercício de sua vocação. Belo Horizonte tornou-se o seu destino. Na capital mineira encontrou diferentes perspectivas e, através delas, foi moldando a amplitude que tinha origem na contundência com que redigia. Nos jornais em que atuou, desenvolveu a própria linguagem, que se tornou marca registrada. De Paulo Cesar Oliveira a PCO foi um pulo e, assim, ficou conhecido.

Dono de um estilo característico, não há exagero em dizer que provocou arestas e ciúmes por onde passou. Não raramente, recebia mais distinções do que o órgão de imprensa em que escrevia. Transformar-se em notícia por meio de seus textos virou objeto de cobiça, visto como sinal de prestígio no mundo político, empresarial e também social. A era de performance como coadjuvante chega ao fim quando assume o próprio veículo de comunicação. É quando enxergo a metáfora do camaleão, que aqui emprego longe de eventual conotação negativa (de falsidade), preferindo entendê-la sobretudo no sentido de flexibilidade.

Ao substituir a rotina, antes monótona e engessada, por um leque mais amplo, surgiram reportagens instigantes. Deu certo. Em plena construção de um complexo jornalístico, nele vem desenvolvendo uma capacidade empreendedora e adaptada aos novos tempos. Adota a rapidez das mídias sociais, num estilo de comunicação enxuto bem próprio ao consumo de massa, da notícia em cima da hora. Desenvolve e mantém relações com pessoas influentes sem jamais dobrar-se ou temer o confronto, em torno de ideias e ideais. Publicou um livro — Minha Palavra — *e milhares de artigos assinados.*

Encontrou, ainda, motivos para construir um ambiente no qual acolheu e deu oportunidade ao surgimento de novos talentos na nobre arte de escrever. Ao filho Gustavo vem transmitindo um aguçado espírito crítico e independente, visando perpetuar a VB Comunicação. De dois pontos não abre mão: conduz sua própria vida, despreocupado com o que dele digam ou pensem, e tem como lema ser feliz.

De tudo, um pouco

Eu, que comecei tratando sobre sociedade, migrei para clubes, passei por veículos, esportes e me fixei no colunismo social, costumo dizer que antes de tudo está o jornalismo. Seja como repórter ou como empreendedor. Ainda que me classifiquem como romântico, me apego ao antigo conceito de que ser jornalista é uma missão. Meu caso, como o de tantos outros, está aí para provar. Quando quis trabalhar numa redação, aquilo só brotou. É pelo que sigo apaixonado. Trago isso na veia. Costumo dizer que a escola pode até ajudar, mas não faz um bom jornalista. Do contrário, não haveria tantos expoentes no passado, num tempo em que nem mesmo faculdades de jornalismo existiam.

E não imaginem o melhor dos mundos para quem se meteu a ser colunista social. Dentro das próprias redações se mantinha um preconceito, uma crítica velada, como se cuidássemos de um universo de frivolidades. Viagens, boa comida, mordomias... Até que num determinado ponto passaram a nos reconhecer também como autênticos repórteres. Foram necessários muitos furos de reportagem, muitas notas exclusivas para que viesse esse reconhecimento. Alguns nacionais, como a revelação sobre a preferência pelo nome do general João Baptista Figueiredo para suceder Ernesto Geisel no governo militar. Ou a indicação de um secretário da Fazenda de Minas no governo Rondon Pacheco, Fernando Reis, para presidir a Vale em 1974. Assim como a entrevista exclusiva com o então presidente Fernando Collor, que em 1992 atravessava uma fase de turbulência a caminho de seu impeachment.

Quando eu estava no *Estado de Minas*, por volta de 1978, 1980, tínhamos um pessoal da redação que vivia num ponto vizinho à redação, a antiga lanchonete Nacional, na Rua Goiás, no Centro, tomando seu chopinho e jogando conversa fora. Havia um repórter que, em vez de ir para lá, seguia para o Automóvel Clube. A turma gozava esse repórter, ironizava. Eu era esse repórter. E replicava: "Vou ficar ao lado de vocês bebendo, para ninguém me dar informação nenhuma? Vou para o Automóvel Clube, onde ouço as pessoas, muitos políticos e empresários, e terei informações para o jornal e para a coluna do Paulo Cesar."

E era fato. Em vez de tomar cerveja com a turma, fazia outras escolhas. Nessa proximidade com as fontes, obtinha informações que muitas vezes nem a própria cobertura factual do jornal teria. E informações diversificadas. Porque já havia morrido aquele modelo de coluna social que falava unicamente de eventos, de sociedade. Eu trabalhava com essa migração envolvendo assuntos políticos e também de economia desde os tempos de *Diário de Minas*, no começo dos anos 1970.

Era um formato que havia começado com Ibrahim Sued, em *O Globo*. Depois, no *Jornal do Brasil*, com o Zózimo. Na capital mineira, havia o Wilson Frade, que, como eu, migrou para as abordagens ligadas a economia, política, comportamento. A coluna social no modelo clássico jamais sobreviveria. Como não sobreviveu.

E sobreviver é um desafio diário para a imprensa, para nós, jornalistas, ou empreendedores. Ou nos reinventamos ou perdemos espaço paulatinamente. Ainda assim, contrariando projeções pessimistas, mas ao mesmo tempo reconhecendo que a internet mudou todos os parâmetros, prevejo vida longa para a imprensa escrita. Ela é documento! De qualquer forma, é preciso renovar o cuidado que aprendemos lá atrás, o de não morrer de véspera. Mais do que fugir do lugar-comum, o que nos cabe é análise, posicionamento, porque os leitores andam ávidos por interpretações maduras diante de um tempo em que o mundo nos apresenta uma coleção infindável de perguntas. Não havendo milagres para as respostas — ninguém as tem —, o segredo do jornalismo é ao menos jogar luz sobre os acontecimentos. No mínimo, tentar tornar os caminhos mais claros.

O jornalista empreendedor, ou o empreendedor jornalista

Mario Campos, presidente do SIAMIG (Sindicato da Indústria de Fabricação do Álcool no Estado de Minas Gerais)

Foi no final de 2014 que eu ainda mais jovem e mais inexperiente passei de leitor a admirador pessoal desta figura ímpar que é Paulo Cesar de Oliveira, mais conhecido por todos como PCO. Confesso que não me recordo muito bem como isso aconteceu, mas já era admirador do seu trabalho fazia algum tempo, leitor de seus artigos, de sua coluna e das publicações do grupo. Lembro que usei todo o manual de cordialidade, e por algumas semanas sempre o chamava de senhor, com ele emendando com aquela famosa frase: "Senhor está no céu."

Pois bem, melhor assim, somente Paulo. Trago comigo alguns ensinamentos. Um dos mais importantes é aquele que diz que é muito difícil chegar ao topo, mas mais difícil ainda é nele permanecer. E ninguém fica no topo por tanto tempo quanto PCO está se não for realmente muito bom naquilo que faz. Muitos o veem "apenas" como jornalista. Contudo, acredito que sua maior marca sempre foi a do empreendedorismo em um dos setores mais complexos do nosso Brasil, o da mídia. É óbvio que PCO não é unanimidade. Aliás, quem é? Mas o mais importante é sua capacidade de manter durante anos amizades realmente sólidas e respeitosas. São cinquenta anos de profissão com conhecimento amplo que ultrapassa os limites de Minas Gerais e do Brasil.

No ano em que o conheci, 2014, realizei uma viagem a Londres para um importante evento do setor de açúcar. PCO fez questão de ligar para um grande amigo dele, o saudoso Robério Silva, grande brasileiro então presidente da Organização Mundial do Café, que a seu pedido nos recebeu de braços abertos.

Admiro o PCO também por sua capacidade de análise — tanto das pessoas quanto do mundo político. E nesse meio é sempre muito importante entender os limites da vaidade e do ego de cada um, mas, acima de tudo, ter a capacidade de não deixar arestas que não possam ser acertadas no futuro. Sua experiência como colunista, sem dúvida, deu a ele essa capacidade. Nesses anos, aprendi algumas coisas sobre Paulo. Fala sempre a verdade e o que pensa, aprecia uma boa prosa ao vivo ou por telefone, não gosta de falar em público, é muito trabalhador, provavelmente dorme muito pouco, não bebe nada alcoólico, não gosta de ser chamado de senhor, é um grande consumidor de adoçante (impressionante) e sempre está no lugar certo na hora certa.

Ultimamente, aderiu à gravação de vídeos para a plataforma digital, grande evolução, mostrando que também está sempre antenado com a modernidade. Através dele conheci também seu filho, Gustavo Cesar Oliveira, o GCO. É a dupla perfeita, o pai, um jornalista experiente, estrategista e pensador, dá o rumo do grupo de comunicação. O filho, com muita energia e determinação, é a voz do grupo, empreendedor como o pai e sempre cheio de novidades. PCO é uma pessoa que nasceu, literalmente, para fazer conexão e, indiscutivelmente, seu maior destaque é a sua capacidade de, junto com toda sua equipe, organizar o evento Conexão Empresarial, algo único em Minas Gerais, que realmente traz grande contribuição para o desenvolvimento e progresso para nosso Estado.

Uma exclusiva com o presidente em chamas

No terremoto político que devorava o governo de Fernando Collor de Mello, a imprensa nacional marcava passo a passo suas saídas de Brasília. Numa delas, em visita a Araxá, cidade do Alto Paranaíba mineiro, a 364 quilômetros de Belo Horizonte, um pelotão de jornalistas fazia plantão nos arredores do Grande Hotel, lugar em que Collor costumava se hospedar desde criança em suas viagens com a família. "A imprensa estava toda no hall. Ele não havia falado com ninguém", relembra Paulo Cesar de Oliveira.

Mas falaria com PCO e uma equipe do Caderno Fim de Semana, da qual faziam parte os jornalistas Mirtes Helena e Carlos Gropen. A conversa foi longa. Durou em torno de três horas. Ali falou-se de tudo um pouco, quatro meses antes da aprovação do impeachment de Collor (em 29 de setembro de 1992, a Câmara autorizou o processo por 441 votos a 38, com ele sendo afastado em 2 de outubro e renunciando em 29 de dezembro e tendo a confirmação de cassação do mandato pelos senadores no dia seguinte, por 76 votos a 3). A exclusiva mereceu manchete de capa na edição do *Estado de Minas* de 10 de maio de 1992.

A articulação envolveu um velho amigo, o colunista Gilberto Amaral, de Brasília, que fazia parte da comitiva presidencial e se tornou a ponte para a realização da entrevista. Contato feito num sábado, no dia seguinte vinha o sinal verde. A conversa ocorreu na suíte presidencial. "Me tratou como um velho amigo", observa PCO, que conheceu Collor ainda prefeito de Maceió e com o qual manteve relacionamento profissional ao longo da carreira política.

Uma síntese da entrevista com Collor

O poder é solitário?

É necessariamente solitário. Porque, para que você o exerça bem, você tem de ouvir em primeiro lugar a si próprio, ao seu coração, a sua consciência. É claro que temos de ouvir bastante, conversar, para que tenhamos subsídios para depois, solitariamente, decidir.

O que dizer aos que afirmam que o Brasil não vai dar certo no seu governo?

Que me tragam alternativas (risos). Por não me apresentarem alternativas — até porque elas não existem, eu estou convencido disso —, é que eu venho reforçando o meu convencimento de que estamos no caminho certo. E os indicadores já estão aí, sugerindo que o caminho escolhido é o correto para o país.

Amigos que o decepcionaram (...) merecem seu ódio, rancor, indiferença ou mágoa?

Olha, a vida é muito curta. Portanto, acredito que seja extremamente contraproducente guardar mágoas ou alimentar decepções, porque isso faz com que a pessoa se torne, sem que ela sinta ou queira, uma pessoa amarga. Então, costumo retirar de todas estas dificuldades, de todas as decepções a que fui submetido, muitos ensinamentos para conhecer a natureza humana, a capacidade de resistir às tentações. Procuro tirar ensinamentos das adversidades. (...) Eu deixo que as mágoas passem. Vão embora e a vida continua.

O que o senhor teria a dizer às pessoas que confiaram

no discurso de campanha que falava em caça aos marajás e fim da corrupção? Essas pessoas viram depois inúmeros escândalos...

Eu tenho certeza que o meu governo vem dando demonstrações cabais de combate à corrupção. De combate a qualquer tipo de mau trato com relação aos recursos públicos. A corrupção é uma erva daninha que viceja onde você menos espera. O sistema brasileiro — o sistema, não o Estado — serviu durante muitos anos de estufa para a proliferação das ervas da corrupção. (...) Quando se retirou essa estufa, isto é, quando veio o processo de abertura democrática, o que se verificou? Quando foi retirada a cobertura da estufa é que se viu: aqui era o viveiro das ervas daninhas. Foram transportadas para vários locais, estão espalhadas. O que temos de fazer é capinar, é garimpar onde quer que esteja esta erva daninha.

Não seria o caso de usar um "agrotóxico" forte, presidente?

O primeiro combate à corrupção é a quebra do ciclo de impunidade. Isto é fundamental porque o que faz com que a corrupção continue é exatamente a garantia que o corrupto tem de que, cometendo qualquer deslize, nada vai lhe acontecer, seja porque a legislação é inapropriada, seja porque ele tem vínculos dentro do sistema que impedem que a lei chegue até ele. (...) E este ciclo está sendo quebrado agora no meu governo, porque não há, da parte do Executivo, nenhuma atitude que não seja a de demonstrar claramente a determinação de combater todos os corruptos envolvidos e todos os que usufruem da proximidade com o poder. Outro passo é desestimular aqueles que têm vocação para confundir o que é público com o que é privado.

Outro passo ainda seria uma legislação mais rápida e mais dura para aqueles que cometem estes delitos. Já ficou estabelecido que, ainda no mês de maio, dois projetos de origem do Executivo que tratam da punição exemplar para atos de corrupção serão aprovados pelo Congresso.

A imprensa tem sido justa com o senhor?

Eu não tenho como classificar nem julgar a qualidade da cobertura da imprensa. Há fatos que estão sendo noticiados corretamente, outros que não têm nenhum vínculo com a verdade. Mas isso é dever do jornalismo: informar, dar notícias. Ao leitor cabe separar o real do excessivo.

O senhor surpreendeu muita gente quando, na entrevista à revista *Veja*, fez elogios ao governo de Fidel Castro. Muitos interpretaram como um elogio à ditadura...

Eu diria o seguinte: será que podemos considerar livre um segmento da sociedade que não tem acesso à educação, à saúde, ao trabalho, à alimentação, à habitação? Eu acredito que não. Porque a liberdade tem de ser vista em todas as suas dimensões. (...) Não adianta você ter o direito de ir e vir se não tem o dinheiro da passagem. Enfim, o que eu dizia sobre Cuba era isso. Vocês concordam que, no Brasil, a maioria da população não pode ser considerada livre...

O senhor acha que o Brasil tem a aprender com Fidel Castro?

Claro que tem. Mas não com Fidel, com o sistema. (...) Lá não há liberdade política, não há crítica, não há imprensa livre. Não podemos dizer que Cuba viva uma plenitude democrática.

Não pode, portanto, ser considerado um Estado democrático de direito. Mas, por outro lado, o direito, o acesso a outras liberdades está garantido. Lá não existem analfabetos, não existem pessoas sem rendimento médio, não existem crianças abandonadas nas ruas, os índices de mortalidade infantil são os mais baixos. O que eu disse foi que Cuba, um país com 10 milhões de habitantes, já resolveu estas questões sociais graves. (...) Estão errados os que dizem que o capitalismo venceu. A derrota, na verdade, foi dos regimes de força. Temos lições a tirar do socialismo.

O que o senhor achou da atitude de Fujimori (Alberto Fujimori, presidente) no Peru? Alguma vez já passou pela sua cabeça fazer algo parecido, fechar tudo (o Congresso) para "promover a justiça e acabar com a corrupção"?

Imagina! Nunca! Isto é uma loucura. Fora do respeito aos princípios democráticos não há solução. A democracia é de tal maneira forte que encontra saídas, aliás, como estamos encontrando agora. A solução não é fechar isso ou aquilo, de jeito nenhum.

Mudando um pouquinho de assunto, presidente, além do frango ao molho pardo, da costelinha e do torresmo, quando se fala em Minas Gerais, o que vem à sua cabeça?

Eu acho que Minas é a síntese das melhores qualidades do Brasil. Aqui você encontra, primeiro, a generosidade. Segundo, a sabedoria, tanto do chamado homem da roça, dos grotões — que é uma fonte de sabedoria — até os luminares da política mineira. Minas lembra a bandeira da legalidade, da vanguarda.

Minas sempre esteve na vanguarda dos grandes acontecimentos nacionais, jamais se omitiu.

Mas há quem diga que faltam mineiros na sua equipe...

Eu não diria que os mineiros estão ausentes. (...) O que o governador Hélio Garcia coloca como pleito de Minas imediatamente eu atendo, dentro das condições. Minas está bem. Podem dizer que há vários pleitos não atendidos, talvez em função de não ter uma representação maior de Minas Gerais no Governo, mas isso não existe. Talvez Minas, até o final do meu governo, não tenha sido tão atendida desde JK.

A política econômica já apresenta alguns sinais de sucesso, com ligeira queda da inflação, mas existe hoje entre a população a consciência de que o governo perde a batalha de preços contra os cartéis e oligopólios, como as montadoras de automóveis. Nesta queda de braço quem é mais forte: o governo ou o lobby empresarial, que envolve até poderosos governadores?

É claro que tudo faz parte de um processo. Existem setores que são muito resistentes. Eu acho que a maior dificuldade que estou tendo neste processo é mudar a mentalidade das elites brasileiras.

Cujo interesse é manter tudo como está...

Claro. Estes setores repudiam a mudança porque querem manter o status quo de uma certa comodidade nesta relação incestuosa que tiveram durante anos com o Estado, comprando aço barato das estatais, influindo na questão dos preços, na escolha de ministros, diretores de estatais. Eles se acomodaram neste relacionamento pouco nobre com o poder público e todo e qualquer acordo deste nível faz com que os empresários percam a sua chama criadora, aquela capacidade de competir, de encontrar meios para fazer um produto melhor e mais barato. Mas as coisas estão evoluindo. O próprio acordo que fizemos com as montadoras foi um sinal de que podemos evoluir muito.

Os impostos são considerados exagerados. Por que não se amarra a taxação à produção?

Num ajuste fiscal cabe exatamente isso. (...) Mas aumentar a arrecadação não pelo aumento do encargo, mas pela incorporação de um maior contingente de contribuintes, alargando a base de contribuição e reduzindo o encargo que pesa sobre cada um, reduzindo os impostos sobre a produção. Trazer a justiça fiscal. Hoje, acho que ela não existe. Penaliza-se muito mais o trabalho do que o capital, porque o trabalho não tem como fugir à taxação, ali na fonte. Já o capital é muito esperto, muito sabido e sempre encontra formas de escorregar. (...) A referência do imposto está é no consumo, e não tanto sobre a produção. Paga mais imposto quem mais compra, porque quem mais consome é quem ganha mais. É exatamente em torno destes pontos que estamos trabalhando dentro da nossa proposta.

E do imposto único, o que o senhor acha?

É uma ideia muito boa, mas que não pode ser implementada de uma hora para outra. É um salto no escuro. Conversando com um empresário, eu perguntei: "O que você acha do imposto único?" Ele disse: "Olha, eu encontro umas setenta maneiras de trabalhar sem utilizar o cheque para não pagar imposto." Eu pensei que fossem duas ou três (risos).

Dois problemas afligem a sociedade: a previdência e a seguridade social. O que o governo pretende fazer ou está fazendo neste sentido? (...) O governo estaria disposto a adotar medidas impopulares, como o fim da aposentadoria por tempo de serviço?

A previdência não tem nenhum futuro nos termos em que está hoje montada. É uma Babel. Eu sempre defendi uma revisão total. Nós temos que dividir com clareza o que é previdência e o que é seguridade social. Depois, tomar medidas de ordem prática. A primeira: a mudança do sistema de aposentadoria, saindo tempo de serviço e estabelecendo limite de idade. Hoje, a gente vê casos estranhos de pessoas aposentadas com 43, 44 anos, o que é um absurdo. Isso não existe em mais nenhum lugar do mundo. A nossa ideia seria — e as pessoas confundem isso com privatização da previdência — estabelecer os limites da seguridade e da previdência social. Então, na previdência, caberia ao Estado, vamos dizer, até três ou cinco salários mínimos. Se a pessoa quiser se aposentar com dez salários mínimos, a diferença ela buscaria fora. Basta pegar um desses fundos de previdência privada. O que não pode é o Estado arcar com tudo isso, porque não há como manter esse monstro.

O senhor é místico? A quem recorre nos momentos de grande dificuldade?

A Deus. Esta pergunta está me fazendo lembrar uma coisa. Quando eu era menino, adolescente, ouvi, por várias vezes, meu pai dizer à mesa do almoço: "O Fernando é o meu único filho que não dá para a política. Porque o Fernando é um místico." Ele dizia isso porque eu era realmente muito introvertido, introspectivo.

A revista *IstoÉ* publicou nesta semana que o senhor teria consultado uma cartomante quando adolescente em Araxá e que ela teria dito que o senhor seria presidente da República. Isto é verdade?

É verdade, sim. O nome dela era Maria do Correio. Aliás, já morreu. Foi engraçado, porque eu a procurei quando ainda era adolescente. Estava namorando uma menina e consultei a cartomante com um único objetivo: eu queria saber se iria me casar com essa namorada. Ela colocou as cartas na mesa e me disse: "Você vai ser presidente da República." Eu saí de lá chateado, é claro, porque não era nada disso que eu queria ouvir. Eu queria ouvir sobre o meu casamento com a moça.

Amizade de pai para filho

Rodolfo Gropen, advogado, presidente do Conselho Deliberativo do Atlético

Herdei a amizade do Paulo do meu pai, Carlos, que já se foi. Há mortes assim, em pleno voo, inexplicáveis, como bem resumiu Otto Lara Resende. Meu pai, à época na italiana Cinzano, deparava-se com Paulo Cesar nos restaurantes de Belo Horizonte. Brotou daí um convite para que ele assinasse uma coluna sobre bares e restaurantes no Caderno Fim de Semana, do Estado de Minas, *do qual PCO era titular. Nasceu assim o "De Bar em Bar", que figu-*

rou aos domingos por quase três décadas. Desta relação, fazendo-se aqui curta uma longa história, proveio uma afeição que envolveu as famílias. Tempos após, o saudoso Gropen montou uma Delikatessen na Savassi, onde os filhos de Paulo, Paulinho e Gustavo, tiveram a primeira experiência profissional, cada um ao seu tempo.

Estou aqui a relembrar períodos sobrevindos. A vida passa rápido demais; e se você não parar de vez em quando para vivê-la, acaba perdendo seu tempo.

De início, divisava o PCO pelo olhar do meu pai. Ele me dizia que o Paulo teve todas as desvantagens para colher o sucesso. Eu o via como um jornalista aplicado, que trabalhava de sol a sol. Invariavelmente, quando eu o encontrava, Paulo Cesar estava sério e com indumento elegante. Esses dois atributos me atraíram a atenção. Certa vez, ao sair da casa dele, indaguei ao meu pai se PCO sorria.

Tão logo me formei em Direito na UFMG, em 1989, fui trabalhar e continuar meus estudos de Direito Tributário em São Paulo, e por lá fiquei por longos anos, mas nunca deixei de ler o Caderno Fim de Semana. O Paulo não era um colunista social nos moldes remotos. Talvez sabedor de que a beleza é uma carta de recomendação de curto prazo, PCO algemava quem tinha sucesso às respectivas empresas. Esse é o tempero que o distinguiu dos outros jornalistas.

Ao retornar a BH, revisitei Paulo, responsável por uma bem cuidada revista, a Viver Brasil. *Com Paulinho titular do exitoso Clube da Permuta, revi Gustavo trabalhando com o pai, com energia e novos projetos, como o* Tudo BH.

Convidado para o Conexão Empresarial (2018), na aprazível Tiradentes, e mesmo tendo como fonte seu blog, me surpreendi. PCO e GCO promoveram a afluência de quase todos os candidatos à Presidência da República e ao Governo do Estado, com empresários que representam as melhores empresas de Minas, além de formadores de opinião. Em três dias de acesos debates, muito se colheu em termos de informação e de conhecimento.

O Paulo não sossega. Em um minuto ele liga para saber sua opinião acerca de um acontecimento; em outro, ele está a entabular planos de comunicação e conexão. Desvendou cedo que a primavera sempre chegará, mesmo que ninguém mais saiba seu nome nem acredite no calendário nem possua jardim para recebê-la, como escreveu Cecília Meirelles.

Como presidente do Conselho Deliberativo do Atlético, afirmo que Paulo tem um defeito. Ele não é Galo. Mas em homenagem ao cientista britânico Charles Darwin, criador da "Teoria da Evolução", seus filhos, Paulinho e Gustavo, são atleticanos.

Enfim, aprendi que só existe uma coisa melhor do que fazer amigos: conservar os velhos.

Mudar é preciso

As mudanças neste país continuam sendo mais do que necessárias. Mas a pergunta que nos desafia é: querem mesmo mudar? Ao que parece, poucos o querem. Genericamente, todo mundo fala em mudança, mas como fazê-las? Se formos ao Congresso Nacional, um velho filme se repete, com tudo montado para que a renovação nunca passe de 20%. E hoje o nosso Congresso é absolutamente comprometido. A transformação teria de ser pelo voto, mas não será, simplesmente porque não é interesse de quem está lá.

Assim, muita gente prega — inclusive eu — que para mudar as práticas fisiológicas só mesmo com uma ruptura. Mas onde está o líder para levar o povo a protestar? Não temos nem teremos tão cedo. O governo, cuja figura central repousa no presidente da República, se tivesse vontade política e coragem, implantaria as reformas necessárias nos três primeiros meses do mandato ainda com o respaldo popular.

A começar pela reforma política. É que, como nos ensina a História, depois disso vira refém do Congresso. E reformas, nem pensar! Eleito no primeiro pleito presidencial depois da ditadura militar, em 1989, Fernando Collor teve oportunidade ímpar. Se exagerou ao bloquear o dinheiro em aplicações e contas de poupança, fez coisas boas, como a abertura do mercado, sobretudo para o setor automotivo.

Não fosse ele, provavelmente estaríamos até hoje andando em "carroças". Com a chegada dos carros importados, a indústria automotiva nacional teve que se modernizar e hoje não devemos nada ao mundo. A não ser carros top de linha de algumas montadoras, como o Lexus, da Toyota, comercializado em Minas pela Osaka, comandada pelo empresário Ayres Valim.

E quando se fala na área de automóveis, registre-se que em Minas há uma fábrica, a da Fiat, que vem colaborando com o desenvolvimento de nosso estado há 42 anos. E se houve um hiato em que se afastou dos interesses dos mineiros (comandada entre 2015 e 2018 por um dirigente que, definitivamente, não gostava de Minas), retomou a sintonia essencial com o italiano Antonio Filosa na direção. Ele se considera mineiro e casou-se com uma mineira, com a qual tem um filho. Ao assumir em 2018, Filosa anunciou investimentos de R$ 8 bilhões só para a fábrica de Betim, na região metropolitana de Belo Horizonte.

O detalhe é que a rede de concessionárias do Brasil tomou um gás com o novo presidente. Um de seus desafios é recuperar a liderança do mercado brasileiro.

Lider Aviação faz 60 anos

Minas sempre foi berço de grandes empresas – em todos os setores. Em 2018, a Líder Aviação, que por muito tempo operou como Lider Taxi Aéreo, chegou aos 60 anos na condição de maior grupo desse segmento na América Latina. Sediada em Belo Horizonte, foi fundada pelo comandante José Afonso Assumpção, ainda proprietário e presidente do Conselho. José Afonso foi piloto do seu primeiro avião, e tinha em Magalhães Pinto, que governou o estado na década de 1960, um grande incentivador. Magalhães não chegou a ser sócio, como muitos imaginaram.

A Líder tem como presidente executivo Eduardo Vaz, cria do Zé Afonso, e como vice uma mulher muito competente, Junia Hermont. Pela Lider já voaram presidentes da República e dezenas de governadores. Foi a Líder quem transportou o então candidato Jair Bolsonaro de Juiz de Fora para São Paulo, depois de ser operado após o atentado a faca que quase o matou, em setembro de 2018. Uma das figuras do seu corpo diretivo é a competente Bruna Assumpção, que vem a ser neta do comandante José Afonso. Superintendente, registre-se, por seus méritos pessoais.

As decepções na política

O ex-presidente Lula, que governou o Brasil por dois mandatos e que com sua popularidade conseguiu eleger um poste — Dilma Rousseff — para sucedê-lo, viu muitas de suas aspirações acabarem num verdadeiro desastre. Sem jogo político e sem compor com o Congresso, Dilma e seu governo simplesmente derreteram. Pior: levaram junto o maior líder do PT.

Nos bastidores, Dilma sempre reconhecia que Lula a fizera presidente e que não disputaria a reeleição. Só que ela gostou do poder e se agarrou ao bordão da música "daqui não saio/daqui ninguém me tira". Partiu para a reeleição contra a vontade de Lula. Ele, como petista, teve que acompanhar a companheira. O desfecho todo mundo sabe: ela perdeu o cargo de presidente por meio de um impeachment, cedendo o lugar ao seu vice, Michel Temer, que viria a ser considerado o mais impopular presidente da história da República.

Quando assumiu, Temer poderia ter montado um governo de notáveis, que teria apoio popular, mas se cercou de um time de "bandidos" e deu no que deu. Foi governando à base de trocas com o Congresso. Em bom português, regado a fisiologismo.

Com medidas impopulares e estranhas negociações, Temer sofreu ataques nunca vistos, mas, a trancos e barrancos e muitas articulações com o Parlamento, se manteve. Nem mesmo a denúncia do empresário Joesley Batista, dono da JBS, que gravou conversas comprometedoras no Alvorada, foi capaz de derrubá-lo.

Lula não teve a mesma sorte. Inúmeras denúncias o levaram a ser preso. O dinheiro e o poder fizeram ex-presidente deixar de ser um líder mundial. Eu estava num jantar no Palácio Itamaraty e testemunhei Lula fazer o então presidente da França, Jacques Chirac, chorar com o discurso em sua saudação. O ex-presidente norte-americano Barack Obama chegou a chamar Lula de "o cara", em reunião com presidentes de outros países. Em seu segundo mandato, numa viagem que fiz a Paris, Barcelona e Lisboa, os europeus perguntavam por Lula com simpática curiosidade. Como a maioria dos brasileiros, se surpreenderiam ao vê-lo, anos depois, condenado e preso.

A derrocada de Aécio

Depois de ser presidente da Câmara dos Deputados e governar Minas por quase oito anos, Aécio Neves estava em alta. Chegou a ser candidato à presidência da República em 2014. Acabou derrotado por Dilma até com a maioria da votação dos mineiros.

Ainda assim, Aécio poderia perfeitamente ter se tornado o líder da oposição, pois havia recebido mais de 51 milhões de votos. Mas, dizem as más línguas, não era muito adepto da palavra trabalho. Para piorar, seus malfeitos foram aparecendo, culminando com a gravação de Joesley Batista, dono da JBS, em que o senador mineiro pede R$ 2 milhões num palavreado chulo.

Flagrado, apresentou uma desculpa nada convincente, de que usaria a verba para pagar advogados em processos dos quais se defendia.

Seus eleitores e até os que não lhe deram voto custaram a crer na veracidade do enredo, sobretudo do que diziam ter ganhado com essas estranhas transações. Com o desgaste, perdeu representatividade política e abriu mão até mesmo de disputar a reeleição ao Senado para tentar uma cadeira na Câmara dos Deputados. Pasmem, foi eleito. Para muitos, o objetivo é não perder o foro privilegiado.

Sua liderança foi por água abaixo. O saudoso Tancredo Neves deve ter se contorcido no túmulo ao ver o neto envolvido em tanta falcatrua. Minha decepção é igualmente grande, pois vi a ascensão de Aécio no Parlamento e sei que foi presidente da Câmara contra a vontade do então presidente Fernando Henrique Cardoso.

A ponto de Itamar Franco, na época governador, ter rompido com seu vice, Newton Cardoso, para apoiar Aécio. Lá de cima, Itamar, como tanta gente, certamente revira no túmulo com a escolha que fez.

Sangue novo

Das gratas surpresas na política, dois nomes jovens começam a chamar a atenção: o deputado federal Newton Cardoso Jr. — filho do ex-governador Newton Cardoso — e o deputado estadual Tadeu Martins Leite, o Tadeuzinho — filho do ex-prefeito de Montes Claros, Luiz Tadeu Leite. Todos dois bem articulados dentro do partido que abraçaram, o MDB. Na Câmara, o bem preparado Newton Filho ainda no primeiro mandato já era visto com um futuro promissor e, com certeza, vai galgar voos mais altos.

Eu me recordo que, em 2017, um amigo do Rio de Janeiro me perguntou se eu tinha informações sobre o deputado Newton Cardoso Jr. Respondi que o conhecia pouco, ao que ele me aconselhou: "Preste atenção neste moço, pois vai longe. Ele é culto, e dois pronunciamentos que vi dele pela TV Câmara me impressionaram profundamente." Passei a reparar, tive a oportunidade de um certo convívio e vi que meu amigo tinha razão.

Já Tadeuzinho foi criando uma liderança entre seus pares e se articula habilmente. Também na Assembleia tivemos mais um parlamentar de futuro, o deputado Gustavo Corrêa, que leva consigo uma genética política como poucos: filho do ex-deputado e hoje advogado Oscar Corrêa Jr. e neto do saudoso banqueiro e também ex-deputado Gilberto Faria e do ex-deputado e ex-ministro da Justiça Oscar Dias Corrêa. Esses jovens nomes devem participar da nova política brasileira de que tanto estamos precisando. Aliás, como diz Guilherme Boulos, que foi o candidato do PSOL a presidente em 2018: "Precisamos acabar com esta esculhambação que virou a política brasileira." E tem toda razão.

Highlander

Décio Freire, advogado, sócio fundador
da Décio Freire Advogados

Paulo Cesar de Oliveira, ou somente PCO, abreviatura que sintetiza, por si só, a objetividade de suas posições.

Fugindo do modelo tradicional de mineiro, PCO não fala por metáforas, não dá voltas. Vai direto ao ponto com uma precisão cortante, expondo sua opinião de forma incisiva como poucos.

Conheço-o há mais de vinte anos e nesse período jamais presenciei Paulo Cesar desanimar quando o assunto é futuro, Minas Gerais ou Brasil. Nem mesmo nas situações mais adversas, em momentos graves pessoais ou de nosso país, PCO deixou de lado uma impressionante capacidade de luta. Paulo Cesar é um guerreiro dos séculos XX e XXI, o "highlander" dos tempos modernos, se enquadrando bem na figura do "Guerreiro Imortal" eternizada nas telas por Christopher Lambert.

Comente um problema com Paulo Cesar, que ouvirá de volta uma análise prática desconcertante, daquelas de envergonhar, tal a simplificação que ele é capaz de, notavelmente, impingir aos obstáculos da vida.

Lamente-se de qualquer fato negativo com PCO, que receberá em troco uma abordagem minimizadora, que te fará erguer a cabeça imediatamente, sentindo-se quase que ridicularizado.

Paulo Cesar é um otimista incorrigível, que não se abala com intempéries ou circunstâncias adversas. Do alto dos seus 73 anos completados neste 2018, PCO não esmorece. É um empreendedor compulsivo, corajoso e dotado de uma rapidez de raciocínio incomum. Enquanto uns sonham com a aposentadoria, Paulo Cesar nem con-

cebe a possibilidade de "pendurar as chuteiras". Irá até os 49 do segundo tempo com a mesma garra e obstinação. PCO é um exemplo para as novas gerações.

Ao ser convidado para a honrosa missão de fazer a saudação, em nome de seus amigos, no jantar que comemorava seus 69 anos, deixei, bem ao meu estilo, as palavras brotarem da alma, tal qual me permito nessa breve missiva. Ali, no salão de gala do elegante Plaza Athennè, em Paris, não titubeei ao afirmar: "Paulo Cesar não transige quando o assunto é amizade. PCO é amigo dos amigos."

Desafio quem quer que seja a falar mal de um amigo de Paulo Cesar na frente dele sem que seja severamente repreendido. PCO não se curva, não se intimida, é homem que tem lado e, como tal, enfrenta a vida como uma Azimut singra os mares mais revoltos. Ao mesmo tempo, é sensível, deixa-se levar pelas emoções e não se importa quando as lágrimas brotam, transparente que é em seus sentimentos de apego à vida e de amor pelas pessoas que o cercam.

Paulo Cesar não desiste nunca de ser feliz!

Política na veia

Nas idas e vindas de minha relação com o mundo político, foi por um triz que deixei de dar um passo da trincheira jornalística para a vida parlamentar. Nos idos dos anos 1980, no estertor do regime militar, o país preparava sua abertura. Ainda vigorava o sistema com só dois partidos: a governista Arena e o MDB. Minas tinha como governador Francelino Pereira, arenista, indicado indiretamente. Seria o último. Já o voto popular, em 1982, elegeria Tancredo Neves na disputa com Eliseu Resende, então ministro dos Transportes no governo do general Ernesto Geisel.

Naquela época, o ex-deputado Carlos Eloy era o presidente da Arena em Minas. Certo dia, ele me liga na redação do jornal *Estado de Minas* e me chama para um almoço. Não antecipou o assunto. Disse, enigmático, que queria ter uma conversa comigo. Fui, naturalmente cercado de uma certa expectativa e também de uma pitada de cautela, como que prevendo algo delicado. Conversa vai, conversa vem, e Carlos Eloy me dá uma quase uma intimada: "O partido planeja ter uma chapa forte e queremos você como candidato a vereador em BH." A primeira reação foi de surpresa e nem consegui escondê-la.

Achei que era brincadeira do meu amigo. Fiquei rindo, como se ele tivesse me contado algo engraçado, só que era pra valer. Mas como assim? Carlos Eloy não perdeu a pose: "Estou falando sério. Achamos que pode ter uma excelente votação e iniciar uma bem-sucedida carreira política." O convite era verdadeiro, mas não me seduziu em momento algum. Com serenidade, sem deslumbramento, disse a meu interlocutor que eu era um repórter e enveredar pela vida parlamentar nunca passara pela minha cabeça.

Foi uma feliz decisão. Mais tarde, vim a ser um feroz crítico da política que não fazia o bem do povo, limitada a defender unicamente seus interesses. Desgraçadamente, nada mudou. Os métodos sempre foram os mesmos. Naquela época, mal comparando, não é exagero afirmar que havia mais recato dos políticos. Atualmente, tudo descambou. Por isso sempre critiquei a impunidade, que considero o grande mal do nosso país. Como também sigo defendendo uma ampla reforma política. Fato amargo é que os que estão instalados no Congresso não querem fazê-la, pois iria contra seus interesses. No entanto, em algum momento ela terá de ocorrer. Não perco a esperança. Não sei, porém, se estarei aqui para assistir a essa transformação, a cada dia mais fundamental à nação.

Reformas já!

Um breve olhar sobre o que ocorreu nas eleições brasileiras em 2018 nos oferece a conclusão de que o povo fez a mudança para tempos mais conservadores. A tomada do poder como queria o abominável Zé Dirceu foi para as calendas. Realmente, o povo se cansou de ver a roubalheira que Lula implantou neste país. A corrupção sempre existiu e não acaba, é inerente do poder. Mas os níveis alcançados e praticados na corrupção enojaram a maioria dos brasileiros. E assustaram o mundo, como bem observou o empresário português Pedro Borrego, que morou em Belo Horizonte e foi diretor da Anglo American.

A operação Lava Jato teve seu clímax quando o juiz Sérgio Moro mandou Lula para cadeia em Curitiba. Mesmo assim, o PT e Lula desafiaram a Justiça até o último minuto. Da cadeia, Lula acreditava que elegeria o poste. Porém, uma onda que incluía a repulsa a tudo isso levou o deputado Jair Bolsonaro à Presidência da República. Bolsonaro chega com a responsabilidade de moralizar a política brasileira e de promover a retomada do desenvolvimento. O Brasil não quis o domínio da esquerda, que tinha projeto de poder para não sair pelos próximos vinte anos e ainda sonhava com a volta triunfal de Lula.

Nos meus mais de cinquenta anos acompanhando a vida pública, nunca tinha visto um tsunami eleitoral como esse, também em níveis regionais. Quem diria que a família Sarney seria apeada do poder no Maranhão depois de cinco décadas de mando com muito dinheiro solto, com Flávio Dino (PCdoB) se reelegendo? Romero Jucá, que comandou o PMDB com mão de ferro e mão na massa, foi destituído do cargo de senador por Roraima, ao ter sua reeleição rejeitada. Em Minas, o correto Antonio Anastasia (PSDB) deixou de ser governador por ter sido ligado a Aécio Neves, que depois dos rolos e desvios descobertos ainda se elegeu deputado federal, enquanto a ex-presidente Dilma Rousseff não teve a mesma sorte na candidatura ao Senado, já que o povo mineiro fez justiça e ela volta para o Rio Grande do Sul, de onde não deveria ter saído.

Ainda em Minas, o empresário Romeu Zema foi a grande surpresa, elegendo-se governador pelo recém-fundado partido Novo. Pesou também o fator Aécio para que vários parlamentares com ele identificados não se reelegessem. É o Brasil que começa a ser passado a limpo.

É bem possível que o comportamento do Congresso Nacional — sejam os senadores ou deputados federais — mude a partir de 2019. O presidente eleito, Jair Bolsonaro, que conviveu por cinco mandatos na Câmara, sabe como o balcão de negócios funcionava: o povo é o que menos interessava fora do período eleitoral, valendo apenas os interesses de cada um. Tanto que as reformas necessárias nunca eram levadas a cabo, sempre abatidas com os remendos de interesse. Ao assumir, caberá ao presidente eleito implementar de vez uma profunda reforma política, tão necessária ao desenvolvimento econômico e social. Bolsonaro terá de negociar com o Congresso para que ocorra nos seis primeiros meses com a autoridade dos seus milhões de votos. Se o PT chegou a sonhar com a permanência absoluta no poder, seus números absurdos de corrupção assustaram o mundo. E nesta eleição de 2018 o povo deu seu recado, mesmo que ainda tímido.

Conversa ao pé do ouvido com Itamar Franco, quando presidente da República

Agostinho Patrus, que foi presidente da Assembleia de Minas, e PCO

PCO entre dois saudosos amigos, José de Castro Ferreira e Clemente Medrado

PCO e o então ministro José Camilo Penna

Com o cirurgião plástico Alexandre Senra (mineiro que pontifica hoje em SP), a presidente do LIDE, Rio, e o governador de São Paulo, João Doria Júnior

Com o ex-deputado federal e ex-prefeito de Montes Claros Luis Tadeu Leite e Stela, o deputado Luis Tadeu Leite e o advogado Andre Leite

Gustavo Correa, Manuela Correa e PCO

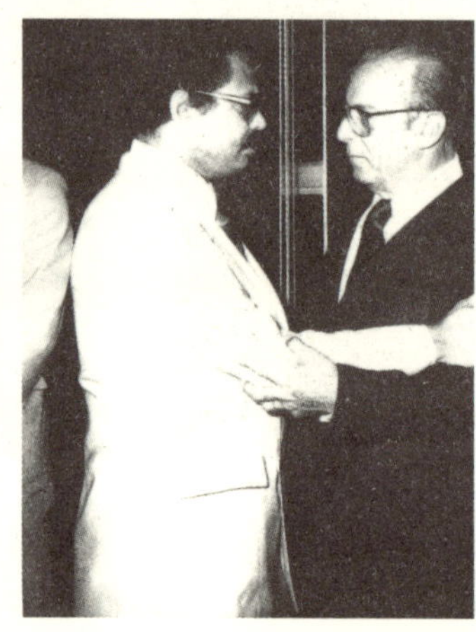

PCO e o presidente João Baptista Figueiredo, em 1984

Rodrigo Freire, Décio Freire, PCO e Aloísio Vasconcelos

PCO e o ex-presidente Lula

Hermógenes Ladeira, PCO, Antonio Anastasia e Eliane Hardy

Fábio Ramalho, Tim Soyer e PCO

Francelino Pereira e PCO

PCO, Anastasia, Paulo Delgado e Gilberto Amaral

Marcos Tito, Israel Pinheiro Filho, PCO

Rondon Pacheco, ex-senador Eduardo Azeredo e PCO

Fabinho Ramalho, Adriana Faria Corrêa, Oscar Dias Corrêa Júnior, PCO

José Godoy, Jaques Wagner e PCO

PCO, Adriano Silva, José Alencar Gomes da Silva e Walfrido dos Mares Guia

GCO, Romeu Zema, eleito governador de Minas Gerais em 2018, e PCO

PCO, Fabinho Ramalho e
João Doria Júnior

GCO, Heron Guimarães,
Romeu Zema, PCO

GCO, o então ministro
Garibaldi Alves e PCO

GCO, Luiz Fernando Pezão, PCO e
Paulo Cesar Alkimim de Oliveira

GCO, João Doria Júnior recebendo troféu de PCO, e Paulo Alkimin de Oliveira

Paulo Lamac, GCO, Marina Silva e PCO

Wagner Velloso, Luiz Antônio Athayde de Vasconcelos, PCO, Inês e Miguel Safar

PCO, Paulo Rabello, Alberto Pinto Coelho e Bráulio Braz

AR

Nada acontece por acaso

Há coisas — muitas coisas — para as quais não existe resposta. Percebam que aquilo que em princípio pareceria puro mistério talvez seja uma das nuances mais bonitas e instigantes que há na vida: qual é, afinal, nossa missão por aqui? Pensem na naturalidade com que respiramos, com que despertamos e nos momentos em que reforçamos a convicção de que é preciso seguir em frente. Sempre em frente. É feito uma força maior nos movendo, como move um rio que corre para o mar, exatamente em busca do encontro quase mágico em que sal e doce se harmonizam numa só matéria.

Do pouco que reconheço sobre toda essa jornada me conforta saber o que provavelmente é o mais importante: nada acontece por acaso. Sempre acreditei que não há coincidências. O dia a dia nos apresenta situações que não podem ser atribuídas à casualidade. Não tenho dúvidas de que o que nos guia é uma diretriz mestre. Você pode até sair do caminho traçado, mas volta, porque lhe está reservada uma predeterminação. O caminho de cada um está previamente desenhado.

Pode, claro, haver variáveis, mas o que está escrito chega mais cedo ou mais tarde para cada um. Não vou dizer que vem de cima, de Deus. O que sinto é que há uma espiritualidade permeando esses desígnios. Seja o fenômeno do nascimento, o dos primeiros passos ou mesmo a morte, que só ocorre quando "lá em cima" chama. Às vezes, a pessoa sofre aqui na Terra porque não houve o chamado superior para que deixe este plano.

É natural, assim, que a gente tente imaginar o que nos está reservado. Creio, piamente, que cada um tem uma missão por aqui. Fato é, individualmente, precisamos nos descobrir. Minha missão, imagino, tenha sido a de vir à Terra para cumprir uns objetivos determinados "lá em cima": ajudar as pessoas, como fiz e faço ao longo da minha vida. Trabalhando como repórter, colunista ou como empresário, sempre me propus a estender a mão. E muitos reconhecem que estou aí para isso. Se perguntarem por quê, não saberia responder. E não há mesmo resposta para determinadas situações.

As coisas da vida, da espiritualidade, não têm exatidão. São fenômenos que estão para além de nossa capacidade de tocar ou de compreender. E o que me faz acreditar? A fé. A busca, eu diria, está muito mais na fé do que na ciência. Nem mesmo creio que há ateus ortodoxos, até porque ateus são inteligentes. Há quem questione demais, talvez na ânsia de chegar a alguma conclusão, como se tudo se resumisse a uma equação matemática, e não é bem assim — no aperto da vida, certamente pedem ajuda a Deus. Só não sugira que reconheçam, porque jamais admitirão.

Eu creio, por exemplo, que há vidas à frente, noutro plano. Prova disso são os vários fenômenos que ocorrem com pessoas que voltam aqui. Sim, que espiritualmente voltam. E não adianta querer contestar: o espírito retorna! Acredito nessa espiritualidade. Creio nisso. Veja os casos dos chamados médiuns. Na realidade, todos nós somos médiuns, e muitos não desenvolvem a capacidade mediúnica. Eu mesmo não desenvolvi, mas procuro estar sempre próximo de quem recebeu essa espécie de graça.

Talvez não fosse essa minha missão, apesar de admirar, respeitar profundamente. Estão aí os exemplos de figuras como João de Deus, da cidade de Abadiânia, em Goiás, como Zé Arigó, da região de Congonhas, em Minas, Zezinho, de Presidente Prudente, em São Paulo, e tantos outros. Mostrando inegavelmente que existe um plano externo, que de lá nos chega uma energia abençoada o bastante para proceder curas, milagres. E mesmo sob desconfiança de alguns, sob eventual contestação, não há como contradizer.

Se tivesse de me classificar, me classificaria com um espiritualista. Leio sobre a doutrina espírita, gosto, mas não pratico. Sou assumidamente ecumênico. Acredito em todas as religiões. Essa forma de ver o mundo me levou a testemunhar experiências intrigantes. Conto um caso do início dos anos 2000. Começou a vir a Belo Horizonte um médium chamado Zezinho, de Presidente Prudente. Aparecia na capital mineira de quinze em quinze dias. Era amigo de um empresário e grande pecuarista, Jonas Barcellos Correia Filho, o Joni, que teve um processo de cura com ele e o trouxe para que pudesse atender outras pessoas.

Havia outro empresário, o José Isaac Peres, dono do grupo Multiplan, que procurava o Zezinho para tudo o que fosse fazer, incluindo decisões administrativas. Detalhe é que passei a frequentar as sessões do Zezinho pelo menos uma vez por mês. Elas ocorriam na Pampulha, na casa do também empresário Jorge Perutz e da Terezinha Dolabela. Era uma residência projetada pelo Niemeyer — vejam só, comunista e ateu declarado. Antes, o Perutz, quase desenganado clinicamente, com graves problemas cardíacos, recorreu ao Zezinho. Foi considerado curado depois de umas quatro, cinco visitas.

Vi ali fenômenos, curas que colocariam os incrédulos boquiabertos. Mas o Zezinho, estando incorporado, sempre dizia: "Não deixem de procurar um médico aqui na Terra." No fundo, estive diante de situações que eu desconhecia e que jamais havia testemunhado. Ele usava somente os dedos. Eu mesmo fui examinado. Disse que comigo estava tudo bem.

Para buscar um entendimento mais refinado a esse respeito, gosto de ler obras espíritas, como livros de Allan Kardec, o francês que se notabilizou como propagador da doutrina no século 19. É uma leitura que não é fácil, às vezes exige iniciação ao conhecimento espírita.

A espiritualidade é algo que decididamente me fascina. O sobrenatural, em lugar de espantar, é encantador. Não precisa da ciência para explicar, porque nos abre janelas para uma compreensão maior. Até quando estou prestes a tomar decisões empresariais estratégicas, busco uma luz, um caminho, ainda que não me prenda a isso. Uma coisa não tem a ver com a outra, é preciso dizer. Se você não se virar à sua maneira, nada vai cair do céu.

Mas é certo que, vendo a vida por esse prisma, você percebe que sua capacidade de compreensão e tolerância evolui, lhe tornando alguém com mais equilíbrio e paz de espírito. Eu cheguei a um ponto em que aprendi a me desprender de muita coisa, inclusive sentimentos que não nos fazem crescer. A raiva, por exemplo. Não tenho mais raiva sistemática. Não guardo mágoa. A mágoa faz mal, mexe no íntimo, faz adoecer. Atrasa e não leva a lugar algum.

Berço católico

Olhando para trás, me vejo em Montes Claros, cidade do norte de Minas em que minha família se fixou, onde cresci. Meus familiares eram católicos. Então, meus primeiros encontros com a fé se deram pelo catolicismo. Íamos às missas com frequência domingueira. Caminhávamos juntos à igreja matriz, que ficava numa praça. Seguíamos, meus pais, Décio e Elza, e meus cinco irmãos. E esses laços se reforçaram por ter cursado o ginásio num colégio marista da cidade, o São José, que naquela época só aceitava meninos.

Foi a primeira grande escola de Montes Claros. Funcionava num conjunto de três ou quatro andares. Talvez algo em torno de uns quatrocentos alunos. O pátio formava o tradicional U. Antes da aula, fazíamos a oração, um Pai-Nosso, a Ave-Maria. De professores, me lembro dos irmãos Geraldo e Leonardo, dos quais nunca mais tive notícias. Dos colegas, o José Carlos Oliveira, o João Luiz Lafetá, já falecidos... Lembro-me de poucos deles.

E estudar ali não significava que havia pretensão, nem mesmo de minha família, de que eu seguisse formação religiosa. E notem que emblemática curiosidade: quando me mudei para fazer meus estudos em Belo Horizonte (no início dos anos 1960, passei nos exames para o científico no Colégio Estadual Central), tive indicação para ficar numa república dos Congregados Marianos. Lá fui eu. No terceiro ou quarto mês, fui convidado a me retirar. Como eu era um camarada que gostava da noite — e bastante, chegava às três, quatro da manhã —, começaram a me olhar atravessado.

Lá se rezava o terço antes do almoço, todos de pé, de terno. A república ficava na Avenida Brasil, no Bairro Santa Efigênia, zona leste de Belo Horizonte, a uma quadra do tradicional Colégio Arnaldo. Havia uns quinze integrantes. Era uma casa confortável. Ainda que não despusesse de banheiro exclusivo para ninguém, algo comum naqueles tempos (meu saudoso amigo Ibrahim Sued sempre dizia que uma residência precisava de, no mínimo, dois banheiros. O que era fundamental para garantir conforto e privacidade). Na verdade, eu ficava pouco tempo por lá, sabia um quase nada da rotina. No fundo, não me integrava.

Além de estar fora da sintonia com o grupo, eu fugia a praticamente todos os padrões: não usava terno, não era ortodoxo como eles, não me entregava às orações com tamanho fervor. Fui diplomaticamente expulso. Inicialmente, me assustei. Daí, procurei um conhecido marista no Colégio Dom Silvério, o Irmão Geraldo. Contei a ele. Sua reação foi surpreendente. "Saia de lá correndo, meu filho, ou vai perder toda sua fé. Eles são malucos." Não pensei duas vezes. Já que estava expulso, rua. Mas continuei com minha fé. Não me abalei. Minha espiritualidade permaneceu, felizmente. Eram realmente doidos, muitos ligados ao que daria origem à fanática e ultraconservadora organização Tradição, Família e Propriedade, a TFP.

Mais tarde, mamãe, já morando em Belo Horizonte, num apartamento na Rua Goitacazes, no Centro, ia quase diariamente a uma celebração na Igreja São José. Embora eu não seguisse seus ritos, admirava e respeitava. Era um exemplo para todos nós. Na verdade, nunca neguei a igreja. Apenas fui deixando de frequentar. Fui batizado, fiz primeira comunhão (há uma foto emblemática ao lado de meus irmãos), fui crismado. Mas digo sempre que a espiritualidade não exige a representação de uma igreja, ainda que eu respeite todas.

Meus diálogos com Deus, se é que eles existem, são de absoluta intimidade. Faço minhas preces, minhas orações. Seja noite, dia, não tenho um ritual. Eu me expresso quando sinto que é o momento certo. Nem vejo necessidade, por exemplo, de me ajoelhar. Talvez se possa classificar como uma conversa minha com Ele. E Ele, quem sabe, me responda de outras formas. Minha reverência existe, mas tento falar ou pensar da forma mais espontânea possível, e dentro daquilo que acho que Ele pode me atender.

O templo, afinal, somos nós mesmos. Minha fé independe de símbolos. Ela é natural. A despeito disso, tenho uma devoção especial a Nossa Senhora Aparecida, carrego no peito uma corrente com uma cruz. E os princípios bíblicos nos acompanham pela vida afora. Tudo está em nosso interior.

Você carrega Deus dentro de si. Até entre os agnósticos, os ateus, Deus está lá presente. Assim como os espíritos estão em todos os lugares. Deus está por inteiro em minha vida. Sempre peço a Ele em tudo que faço. Agradeço às coisas que me vêm. Mais agradeço que peço.

Afinal, é preciso respeitar os desígnios de Deus, seja diante dos problemas, das dificuldades, das doenças. Deus é justo. Não tenho dúvidas disso. No meu caso, posso citar desde as graves dificuldades de saúde da infância (estive desenganado) a outras circunstâncias em que as incertezas se tornaram um drama, fosse em razão de uma fratura óssea, um distúrbio cardíaco, um desequilíbrio no sistema de circulação. Além disso, a herança da tão delicada diabetes.

Uma conspiração da vida

Maria Inês Narciso, pedagoga

Menina alegre, extrovertida e feliz, rodopiava pela sala de aula e sempre parava diante da carteira de um menino de olhos lindos, um pouco sério, calado e tímido! Talvez para mim isso fosse um desafio! Foi nos bancos escolares do Grupo Gonçalves Chaves, em Montes Claros, que nos conhecemos há algumas décadas.

Conversava e brincava com ele, para ver desabrochar um discreto e belo sorriso. Adorava usar seus lápis coloridos, motivo para ficar perto. Sabia que ele gostava.

E assim o tempo foi rodando!

Terminado o antigo primário, fomos para lados diferentes. Paulo, para o Colégio Marista São José, só para meninos, e eu para a Escola Normal!

Daí em diante, alguns encontros pelas ruas, Praça de Esportes, festinhas...

Aos 16 anos, Paulo se mudou para BH e o vento passou a nos tocar em direções opostas! Logo comecei a namorar e me casei aos 18 anos!

Vida contida, feliz, com filhos, marido, trabalho, irmãos, pais e muitos amigos! Desta união nasceram três filhos lindos, que amo incondicionalmente: Eduardo, Karinna e Melissa. Sempre achei que casamento era para sempre, mas, às vezes, não é! Me casei novamente e nasceu Claricinha, outro grande amor!

Paulo gosta muito de números, eu conto o tempo vivido!

Paulo seguiu seu caminho, se consagrando como importante jornalista, empresário de sucesso e respeitado articulador. Casou-se e teve dois filhos: Paulinho, que lhe deu o neto Pedro, e Gustavo.

Depois de muitos anos, quando achava que tinha encerrado todos os ciclos determinados, eis que a roda da Vida, o Tempo e o Vento, me colocam novamente em frente a este menino, que foi o meu encantamento de infância!

Nada foi fácil. Aliás, dificílimo! Um tsunami de diferentes emoções! Tenho oito irmãos, quatro filhos, dez netos, um bisneto e muitos amigos queridos. Amo minha terra, Montes Claros, e estou em BH, iniciando um novo ciclo de vida ao lado de um homem íntegro, admirável, inteligente e amoroso. Neste homem ainda encontro o menino que conheci!

E quando nossos olhos se encontram, somos crianças, jovens e adultos felizes!

O Mundo que girou, o Tempo que passou e o Vento que tocou foram os mesmos que conspiraram a favor do nosso reencontro!

Bendita é a Vida!

Bem-vindo é o Amor!

Diante das incertezas, esperança

Num episódio mais recente, em 2016, aos 70 anos, fui parar mais uma vez no hospital. Ah, os quartos hospitalares! Agora, eu me via diante de complicações circulatórias. Entre idas e vindas, fiquei hospitalizado por um período de três meses. Foi uma parada torta. Mas, graças a Deus, não me afetou em nada emocionalmente. Muita gente entra em depressão em situações como essa.

Da mesma forma, quando tinha 51 anos e sofri uma isquemia, tive de ser operado do coração em São Paulo. O procedimento foi feito pelo doutor Sérgio Almeida de Oliveira, um dos grandes cirurgiões cardiovasculares do país. Fiquei uns três meses em recuperação e, também naquela oportunidade, contrariando os prognósticos, não fui afetado por nenhuma atmosfera depressiva. Acho que há um poder divino aí. Mais do que aceitar, é preciso ter forças para enfrentar essa fase de incertezas. Aí entra o equilíbrio espiritual.

E esses pontos de inflexão certamente nos levam a modificar nossa vida, nosso estilo, nossa concepção sobre tudo o que está a nossa volta, sobre as pessoas. É um momento para reflexão, para a autoanálise. E com certeza nos transforma. Você torna sua vida mais rica. Passa a valorizar situações que antes não valorizava. A ter um olhar mais carinhoso diante de quem está próximo, ao seu redor. Quando se está num CTI, passa um filme pela cabeça. Você fica se perguntando se vai sair dali. E percebe como há verdadeiros anjos da guarda por perto, como foram no episódio clínico mais recente minha ex-mulher Luiza Lanna e meus filhos, Paulinho e Gustavo.

É o instante em que você repensa sua vida, coloca muita

coisa na balança. Você diz a si mesmo: "Vá devagar, porque tudo pode acabar num estalar de dedos." É como se estivéssemos vivendo de novo. Senti isso mais de perto quando fui operado do coração, na virada dos 50 anos. Mas, sinceramente, ali tinha a convicção de que não era um ponto final. Naquele período, então trabalhando no jornal *Estado de Minas,* era casa, trabalho, viagem, casa, trabalho, viagem... A gente nunca acha que está indo além do limite, não é mesmo? Provavelmente, estava. Genericamente, a gente se pergunta: "Será que vale a pena?"

No fundo, não sou uma pessoa ansiosa. Enfrento as situações no dia a dia. Sei que a ansiedade mata. Como se a gente quisesse resolver antes de acontecer... Eu fumava muito, admito. O cigarro foi como uma espécie de bengala. Era e sou uma pessoa tímida. Devo ter fumado por uns trinta anos. Larguei depois da cirurgia cardíaca. Ficou somente o charuto para alguns momentos especiais, bem raros, e nada além disso.

Alguém haverá de perguntar se considero o problema cardíaco um presente de grego, já que estava às vésperas de meu aniversário de 51 anos. Não, não mesmo. Nem me senti injustiçado. Seria perda de tempo. Foi um aviso, com certeza. O corpo estava doente, ainda que não tivesse surgido nenhum sinal preliminar.

Na cirurgia mais recente, a do problema circulatório, cheguei a ficar quase um mês sem colocar o pé no chão, tamanha a dor. Algo infernal. Havia uma ferida cuja cicatrização era dificílima, agravada pelo quadro de diabetes. Um médico ortopedista e também cirurgião, Felipe Maia, fez um procedimento a vácuo que ajudou muito na recuperação. Graças a Deus, não era minha hora. Acho que ainda tenho muita coisa, alguma missão pela frente para poder concretizar.

Ao falar dessa forma, pode soar que temo a morte. Serenamente, vejo a morte com absoluta naturalidade. Acho que ela chega na hora exata para cada um. Costumo falar sobre uma situação, a do meu pai, Décio, que morreu aos 61 anos. Mesmo olhando essa passagem como um fenômeno imponderável, foi um choque para mim. Ele tinha complicações clínicas. Era diabético. Minha mãe tinha então 60 anos. Éramos seis irmãos (Luiz Felipe, Maria Celina, José Eymard, Roberto Luiz, eu e Teresa Cristina). Pouco a pouco, fui me preparando emocional e espiritualmente também para a partida dela.

Nesse tempo, fizemos de tudo para que nossa mãe vivesse momentos de intensa felicidade. Era uma figura doce, voltada inteiramente para os cuidados com a família. Até ali, não tinha trabalhado, isso se pensarmos dentro dos conceitos formais. Não tinha nem sequer talão de cheques. Fomos buscando oportunidades para que ela pudesse se dedicar mais do que nunca ao entretenimento. Ela viveu até os 87 anos. Diariamente, eu pensava na possível morte dela, na ausência, na falta que nos faria.

Então, me preparei para a despedida. Quando ela faleceu, evidentemente, por mais que seja frio, você se abala. O que quero chamar a atenção é para o fato de tentarmos tornar o depois, o efeito da perda, menos traumático — desde que você se prepare. A morte é inevitável, vai ocorrer num momento qualquer. O desígnio é de Deus. Não há outra explicação.

O que vem à frente? Não sei responder. Mas que existe algo por aí, existe, mesmo que ninguém tenha vindo para me contar o que é. E o que encontrar do outro lado? Sei não. Só espero acontecer. Deixo nas mãos de Deus. Da nossa parte, a gente faz o bem. E quem faz o bem um dia será recompensado, confortado, amparado.

Um amigo de verdade!

Fátima Turano, diretora-geral da FIP-MOC –
Faculdades Integradas Pitágoras

Foi numa edição do Conexão Empresarial em Araxá, em 2014, que conheci o PCO. Cara sério, fechado e, por outro lado, um pouco irreverente! Fui levada pelo amigo e colunista de Montes Claros Theodomiro Paulino.

Voltei bastante impressionada com o tanto de pessoas ali reunidas, toda a logística do evento e, principalmente, com as palestras.

Lembro-me do pronunciamento do então governador Antonio Anastasia, que deu um show de competência e foi aplaudido de pé por quase dez minutos. Aquilo muito me impressionou....

Nos anos subsequentes, estava eu outra vez participando, mas não me relacionei de perto com o Paulo. Até que um dia nos encontramos em Montes Claros, na casa de um amigo em comum. Foi lá que conheci um cara mais falante, um pouco mais solto. Cheguei à conclusão de que sua postura anterior era em função da grande responsabilidade num evento de tamanha envergadura.

Mas como a vida é cheia de grandes surpresas, me foram sendo apresentadas as várias faces desse homem: pai, jornalista, empreendedor, e um grande vencedor!

Recebeu uma enorme missão de ajudar a todos a sua volta, e por isso mesmo, apesar das agruras da vida, ganhou um prêmio grande: a conquista da mulher do seu imaginário dos tempos de criança!

Recebi de PCO a deferência de ler antecipadamente seu livro. Na primeira parte, conheci um PCO jornalista-analista, capaz de fazer prognósticos, envolvido num ambiente social e político. Um cara crítico, sarcástico e bem realista.

Depois, me deparei com um ser humano frágil, diante das problemáticas de saúde que a vida nos impõe. E mais que isso: um místico, confiante de que na vida existem muito mais coisas que a nossa vã filosofia explica!

O que me chamou muito a atenção foi a entrevista com uma figura emblemática. Jamais poderia imaginar que Collor seria capaz de responder com tamanha desenvoltura às perguntas ousadas que lhe foram feitas e apresentar uma visão de mundo que a situação não nos permitiu conhecer. Vi e conheci um outro Fernando Collor de Melo.

Mas a grande descoberta que fizemos foi do PCO homem empreendedor, capaz de reunir pessoas em busca de melhores mercados, melhores negócios, permitindo a todos uma análise conjuntural do país, através do Conexão Empresarial.

De tudo que li e vi, o PCO amigo se revelou por trás das letras, o que me fez lembrar de cada encontro, em cada conversa, o que estreitou nossa relação de grande amizade.

E posso dizer, inegavelmente, que nunca vi uma figura humana tão disponível para ajudar o outro, seja numa situação de conflito, seja numa concretização de um bom negócio.

Situações diferenciadas me levaram a conhecer PCO e a dizer que conquistei um amigo de verdade!

Seu livro é seu retrato! Vamos descobrindo devagar...

O primeiro sinal

Talvez meu primeiro sinal de fé tenha ocorrido quando eu passava dos 6 para os 7 anos. Eu sofria de anemia perniciosa (um mal que leva à extrema redução dos glóbulos vermelhos no sangue). Na época, ali no começo dos anos 1950, era uma anomalia extremamente grave. Para piorar, fui acometido também por uma brucelose, doença típica do gado. Fiquei durante um ano em Belo Horizonte. Era obrigado a fazer exames de monitoramento semanais.

Para tentar me recompor, bebia diariamente uma espécie de vitamina de fígado cru, batida no liquidificador. Fui desenganado, apesar de não ter ficado em hospital internado. Foi dito objetivamente a meus pais pelos médicos que eu não deveria ir muito longe. Ou seja, estava pronto para ir embora.

Meu pai permaneceu em Montes Claros, onde mantinha seu trabalho e negócios, e quem veio para Belo Horizonte ficar a meu lado foi minha mãe. Nos instalamos na casa de meu avô paterno, José Theófilo, e de minha avó, Carmem, na Rua Tomé de Souza, na Savassi. Mesmo pequenino, ali já senti os traços de minha fé. E minha tia-avó, Carlota, muito religiosa, fez a promessa de que, se eu me curasse, cumpriria a primeira comunhão em Aparecida do Norte. O fato é que um belo dia os exames não deram nada. Rigorosamente nada fora do lugar.

Aquilo foi caracterizado como um milagre. Os médicos ficaram sem entender como e por que me curei. Essa é uma vitória que carrego com orgulho e gratidão pela minha vida. São situações do espiritualismo que simplesmente não se explicam. Papai e mamãe me contaram mais tarde todo o drama, a luta da família, a crença de que eu não os deixaria. Atribuíram essa superação a forças superiores.

Então, para cumprir a promessa de minha tia-avó, iríamos de carro a Aparecida do Norte. Nas rotas atuais, são 512 quilômetros de estrada. Naquele tempo, certamente seria mais do que isso. Embarcamos eu, meu pai, minha mãe, meu avô, minha avó, minha tia-avó, Carlota, e minha irmã Tetê. Meu pai dirigia o Dodge Utility. Viajávamos durante o dia. E na região de Itabirito (acho que era esse o caminho de antigamente), ainda próximo a Belo Horizonte, houve um acidente e caímos na cabeceira de uma ponte. Todos se machucaram, nenhum gravemente. Eu não sofri nem um arranhão. Fui o primeiro a sair do veículo. Fiquei sobre a parte superior do carro, na beira do rio. Acho que nessa época tinha uns 8 anos.

Como não faríamos mais a viagem, minha avó, então, procurou um padre, preocupada com uma possível quebra da promessa. Diante de tudo o que ouviu, ele considerou cumprida nossa missão. Acabei fazendo a primeira comunhão em Montes Claros. Talvez tenha sido mais um milagre, uma proteção divina, já que ninguém se feriu gravemente e eu saí ileso. Só fui finalmente a Aparecida no início dos anos 2000. Embarquei em avião até São Paulo e de lá segui dirigindo. O coração palpitava numa leveza que me enchia de bons sentimentos. Agradeci. Estava em ótimo estado de espírito. Aparecida é um lugar mágico, onde a fé é algo quase tangível.

Mais do que uma fratura

Havia uma chuva densa naquela noite. O ano era 1985. Eu deixava um dos tantos coquetéis dos quais participava por ofício jornalístico — dessa vez era no Minas I, um dos mais tradicionais clubes de Belo Horizonte. Molhado, dei de acelerar o passo para chegar ao meu carro, estacionado bem próximo, em frente ao Palácio dos Despachos, área vizinha à Praça da Liberdade, a uma quadra do local do evento, no Bairro de Lourdes.

Ah, as fatalidades.... Na corrida, me desequilibrei, caí e bati a perna esquerda no meio-fio. Não era preciso ser especialista para perceber que algo estava fora do lugar. Uma dor que me virava pelo avesso. Nessas horas a gente sente um desamparo, como se despencássemos num abismo. Minha sorte (anjos da guarda existem, não é mesmo?) é que me acompanhava o Antônio Marcos Carrara, então chefe do cerimonial do governador Hélio Garcia. Ele notou a fratura, me ajudou, me colocou no carro. Doía muito.

"Fica quietinho", ele recomendou, enquanto saía para chamar uma ambulância. Fui levado para o hospital Mater Dei. Fratura na tíbia e perônio. Foi colocado um gesso. Era uma sexta-feira. Na segunda, o doutor Renato Freire, um grande cirurgião ortopédico (já falecido), foi me ver. Avisou da necessidade de cirurgia para colocação de platina, placa, parafuso. Fiquei um tempo no hospital e andei de muleta por praticamente um ano. Viajava para todo lado assim.

Daí, houve um problema de rejeição à placa. Resultado, teria de fazer uma nova cirurgia. Mas que dor de cabeça! Achava que seria só mais uma. Foram oito no total! A primeira, para tirar a placa. Depois, para reconstituição. Depois para reconstrução. Não estava dando certo. Nessas circunstâncias, a gente se desespera.

Na quarta, resolvi procurar uma sessão espírita. "Desceu" uma pessoa que já tinha me visitado numa de minhas internações, o Elói Ballesteros, pai do Eduardo Ballesteros, dono da Toulon, de quem eu era muito amigo. Eu já sabia que ele era médium quando, muito antes, foi me ver no hospital. Na ocasião, pediu que o restante das pessoas saísse do quarto para me dar um passe. Lembro que, no tempo em que permaneci hospitalizado, ele pediu que eu ficasse tranquilo, pois tudo daria certo. "Esse negócio foi feito para deixar você numa cadeira de rodas, mas não vai acontecer não." Era um tipo baixinho, franzino.

Naquela ida à sessão espírita, uma senhora muito humilde que tinha vindo de Juiz de Fora por sugestão de uma prima minha o recebeu, o incorporou. A mulher falava com a voz de seu Elói. Quase recitava com aquele sotaque espanhol. "Agora que você já penou um pouco, vai dar tudo certo. Vá em frente." Saí dali para uma nova consulta médica. Confesso que o que eu ouviria me abalou. Teria de passar por mais um processo cirúrgico. Eu morava então no Othon Palace Hotel, bem no Centro de Belo Horizonte, uma dessas manias peculiares e prazerosas de montar casa em hotéis. Cheguei ao meu apartamento, liguei para o cirurgião plástico Ivo Pitanguy, com quem eu tinha relação de proximidade. Expliquei a situação. "Provavelmente, eu não estarei no Rio, porque farei uma viagem à Europa, mas deixo as recomendações com um de meus assistentes."

Preparei minhas malas, respirei fundo e parti para o Rio de Janeiro, onde fui recebido por um dos auxiliares de Pitanguy. A avaliação era de que se tratava de um caso para outro tipo de especialista. Num momento tão delicado, procurei orientações a esmo. Um amigo indicou um cirurgião plástico de reconstrução, o doutor José Furtado, também no Rio. "Está um pouco complicado, mas tem jeito." E me explicou que houve rejeição do enxerto porque estavam adotando um procedimento incorreto. Uma semana depois, finalmente fiz a cirurgia.

Fiquei me recuperando por três meses no Copacabana Palace. O José Eduardo Guinle, com quem eu tinha uma boa amizade, me ofereceu a hospedagem. Dinheiro eu não teria para pagar. Um mês foi praticamente na cama. Recebi algumas visitas, como a do saudoso amigo José Hugo Castelo Branco, então ministro da Casa Civil do presidente José Sarney. Do governador Hélio Garcia, do ex-governador, na época deputado federal, Paulo Maluf. E ainda de figuras como o colunista Ibrahim Sued.

Esse caso — todo o processo durou cerca de um ano e meio, não foi fácil, mas fiquei bem — seguramente me fez repensar valores na vida. Não é que a gente goste de aprender pelas pequenas tragédias do cotidiano, mas que elas ensinam, ensinam. E muito.

Em Minas, a estrela dos spas

Nossa preocupação com saúde e bem-estar encontra eco que está para além da estética. Há mais de trinta anos queria emagrecer alguns quilos e fui pela primeira vez a um spa. Me indicaram o Sete Voltas, em São Paulo, então comandado pela empresária Miriam Abicair. Era o mais badalado do Brasil e com uma frequência diferenciada, entre gente de sociedade, políticos e artistas. Miriam havia tido um "namoro" com o ex-presidente Figueiredo, também frequentador do local.

Nas oportunidades em que estive por lá, uma delas com meu filho Gustavo Cesar, esbarrávamos com várias personalidades. A proprietária era de uma enorme amabilidade e grande anfitriã. Maité Birman, das mulheres mais bonitas, simpáticas e agradáveis que conheço, mulher do dono da Arezzo, Anderson Birman, era frequentadora. O apresentador do Jornal Nacional, William Bonner, também.

Estar num spa é meio como ser entregue aos deuses. Eu me habituei com aquela sensação de alívio e, ao mesmo, renovação de energias. Assim, fui outras vezes, dessa feita no Kur, em Gramado, Rio Grande do Sul. Pertencente ao médico Luis Carlos da Silveira e sua companheira Neusa, o local chegou a ser reconhecido como um dos melhores do mundo.

Em Minas, espaços como esses simplesmente não existiam. Até que surgiu um perto de Sete Lagoas, bem instalado, que chegou a ser gerenciado pela ex-primeira dama de Minas, Margarida Garcia. Pena que durou poucos anos. A boa-nova nasceu de uma inspiração de 2007, quando a empresária Maria de Lourdes Fortes, a Dedé, do ramo de mineração e frequentadora de spas, concluiu que havia espaço para implantar em Minas um que tivesse alta qualificação. A partir de uma pesquisa de mercado, o distrito de Macacos, em Nova Lima, foi apontado como um lugar muito apreciado pelos belo-horizontinos para uma iniciativa desse porte, cuja sociedade firmou com três sobrinhos: Simone Gomes, Ana Beatriz Pinheiro e Christiano Campos. Contratou a arquiteta Mariana Batista e, em 2011 era inaugurado o Spa Águas Claras. Ali nascia um investimento que dotou Minas com um dos melhores spas do Brasil. Para o nosso bem-estar.

Quando a vida bate mais forte

Comida gordurosa era farta em meu cardápio. Cigarro também. Eu vivia num vaivém enlouquecedor. E, para piorar, era assumidamente sedentário. Perto de completar os 51 anos, eu tinha permitido que meu corpo se transformasse num fator de risco. Mas muitas vezes a gente não dá a mínima bola para esses detalhes fundamentais. Então, enquanto eu me preocupava em cuidar da festa de aniversário (iria comemorá-lo no Rio de Janeiro, no Hotel Intercontinental), o destino tratou de desfazer toda aquela agenda de celebração. E me mandou mais uma vez para a mesa de cirurgia.

Não sei bem explicar, mas a verdade é que, naqueles dias, vinha sentindo um certo desconforto na região do peito. Em casa, lá pelas três da madrugada, depois de um jantar com amigos no Bouquet Garni, na Savassi, comecei a suar frio. Veio um incômodo que é difícil descrever, mas é como se tudo fosse se dissolvendo ao seu redor. Meu filho, Paulinho, me levou ao Hospital Mater Dei, ali pelas cinco da manhã. O ar era de tensão, incerteza. Não tive medo da morte, é preciso dizer.

O fato é que todo problema de saúde é sempre um aviso para você se cuidar. Talvez algo esteja fora do prumo. E o meu descompasso se manifestou por meio de uma angina. Atendido na emergência do hospital, chega meu médico, o cardiologista Marcos Andrade. Passei por novos exames, além de um cateterismo e uma cineangiocoronariografia — que palavrão! Ele foi direto: "Sua condição é cirúrgica. Você está bem, não sofreu um infarto, mas tem uma artéria entupida. É caso cirúrgico. Vamos resolver o mais rápido possível."

Ali disse a ele que queria fazer o procedimento em São Paulo, com o doutor Sérgio Almeida, onde realmente foi realizada a cirurgia. Assustador? Causa pelo menos um frio na barriga. Ainda assim, ponderei sobre o aniversário, a festa... Ele me interrompeu delicadamente, mas não fez rodeios. "Quando sair do hospital, vá diretamente para São Paulo, para ser operado."

As marcas das cicatrizes ainda estão aqui no peito. Precisaram implantar três pontes de safena — duas mamárias e uma radial. O episódio me ensinou várias lições. Passei a me cuidar mais, deixei de ser sedentário, adotei o hábito das caminhadas, dos exercícios. O cigarro, depois de uns trinta anos, larguei por completo. O melhor foi que passei a repensar várias questões do cotidiano. E, principalmente, a celebrar a vida todos os dias.

Uma mensagem do pai

A popularidade da vidente Neila Alckmin havia crescido ali pelo final dos anos 1980, mas fazia tempos que ela atraía uma legião de pessoas à cidade de Conceição do Rio Verde, no sul de Minas, a mais de trezentos quilômetros de Belo Horizonte. Por lá já haviam passado figuras como os ex-presidentes Juscelino Kubitschek e Tancredo Neves, da mesma forma que gente simples. Como sempre gostei desse tipo de fenômeno, o também jornalista e amigo Milton Lucca de Paula, outro que admirava essa fina capacidade sensorial, me levou até lá.

Fui com objetivo de conhecê-la e de ouvi-la. Meu pai havia morrido cerca de um ano antes. O encontro com Neila Alckmin ocorreu na casa dela. Ela nos recebeu, conversou comigo. Não fui apresentado formalmente. O que significa que não sabia nada sobre mim. Na sessão, não existia um ritual protocolar. Neila simplesmente me entregou uma folha de papel e um lápis, pedindo que eu anotasse o que ela fosse falando. Em transe, foi enumerando situações que de fato já haviam ocorrido. E assim, do nada, disse: “Seu pai está aqui. Tem um recado para você, seus irmãos, sua mãe.”

Eu me arrepiei. Não havia lógica ou equação que explicasse aquilo. Uma pessoa que jamais havia me visto, que nada sabia sobre mim, expor tudo daquela maneira tão clara?! Foi falando, e fui escrevendo a carta em nome do meu pai. Nenhuma vírgula fora do lugar! Ao fim, emendou: “Assine aí: Décio Lopes de Oliveira.” O nome completo de meu pai. Um fenômeno impressionante. Indescritível. Ela era realmente uma pessoa iluminada. Isso não ocorre do nada, não se dá sem um propósito. Nada, eu sempre repito, acontece por acaso.

A última provação

Nessas tantas provações que a vida nos apresenta, em 2016 comecei a sentir um incômodo na panturrilha. O problema foi se agravando e passou de um desconforto a dores extremas. A ponto de eu não poder nem sequer apoiar a ponta dos pés no chão. Procurei meu médico, o cardiologista e clínico-geral Marcos Andrade. Ele inicialmente tentou um tratamento convencional. Quase um ano de interferência e a situação não melhorava. "Vou te encaminhar para um especialista, porque a abordagem feita até agora não surtiu o efeito esperado."

Daí, recomendou que eu buscasse a ajuda de um angiologista, o Paulo Bastianeto. Nos exames foi detectado um problema circulatório na perna esquerda. De novo a novela hospitalar... Ah, me sentia um predestinado às avessas. Mais uma vez lá estava eu na mesa de cirurgia. O primeiro procedimento foi a colocação de um stent na artéria da perna esquerda. Por causa do quadro complicador da diabetes, a peça foi obstruída em pouco tempo. Refizemos o processo para então colocar uma safena, algo mais delicado.

Para piorar, e confirmar que no meu caso os desafios clínicos nunca são simples, o ferimento começou a doer de uma forma intensa. De médico em médico, procuramos um infectologista, o Rodrigo Farnetano, e acabamos parando no Felipe Maia, um cirurgião ortopédico especializado nesse tipo de tratamento. Ufa! Ele recorreu a uma técnica diferente, um curativo a vácuo, finalmente resolvendo de vez o drama da cicatrização. Foi mais um período de paciência. De aprendizado. E da convicção de que, sem apoio daqueles que nos amam, nossa jornada por aqui seria mais curta.

Um ser especial

Fazia tempos que eu não sentia algo assim tão pleno. O mundo parecia paralisar-se por inteiro quando ele colocou as mãos sobre mim. Olhou em meus olhos e disse: "Vou cuidar de você." Naquele mês de junho, ter resolvido visitar Abadiânia, pequena cidade de Goiás, para finalmente acompanhar de perto as ações de João de Deus, era uma decisão que me enchia de contentamento.

Me perguntam o que fui buscar por lá. Nada. Fui ver, sentir. Gustavo, meu filho, foi quem marcou a viagem. Ele já tinha estado na Casa de Santo Inácio de Loyola, um complexo erguido por João ainda no meio da década de 1970. Nós passamos por Goiânia e de lá seguimos, numa ansiedade quase juvenil, para atestar o que é esse fenômeno, essa coisa maravilhosa. Um homem que tem poderes extranaturais, coisas que vêm de cima, de Deus.

Por dentro da estrutura em paredes brancas, detalhes em azul, reina um silêncio absoluto, ainda que tenha capacidade para receber cerca de 2 mil pessoas. Quase todas de branco. Assim, João chega, vai chamando aleatoriamente as pessoas. Há cenas que, contando, muitos duvidariam. Ninguém me falou a respeito, eu mesmo vi: uma mulher, em torno de seus 50, 60 anos, de bengalas, foi chamada. Ele sugeriu que deixasse a peça de lado. Ela largou, foi em frente, andou. Sim, uma cura!

Como em Abadiânia, jamais havia visto. Se me pedirem para descrever a sensação, faço a seguinte analogia: quem vai a Paris tem até dificuldade em contar o que sente. O grau de comparação é desse porte. E não penso que seja apenas eu. A cidade, que tem cerca de 18 mil habitantes, vive em função de

João de Deus. Encontrei visitantes de várias partes do mundo entre os quase 250 mil que anualmente viajam até o lugar.

Se eu pudesse resumir, falaria de agradecimento. De plenitude. Você sai de lá leve. Eu estava tão feliz, tão satisfeito. Fiquei de quinta-feira a sábado. Na bênção coletiva (o João de Deus fez uma prece), percebe-se uma vibração no ar. Só o fato de estar lá já significa que nos é transmitida alguma coisa de bom, naquela sessão que durou duas ou três horas.

João, como ele mesmo já contou, teve a primeira manifestação mediúnica aos 9 anos. Numa cidade do norte de Goiás, previu um temporal que de fato causaria sérios danos a Nova Ponte. É filho de uma família católica, devoto de Santa Rita de Cássia. Gosta de uma frase em especial: "Nunca curei ninguém. O que cura é Deus." E sempre reafirma, como outros médiuns, que aqueles que o procuraram não devem se afastar dos tratamentos convencionais. "Acredito muito nos médicos. Eles são missionários de Deus", afirmou certa vez.

Era o aniversário dele na ocasião de minha visita, o que havia levado um número maior de visitantes, incluindo muitas personalidades, autoridades governamentais. Nós nos falamos rapidamente. Aparentemente, ele me conhecia. De outa vida, quem sabe? Foi naquele momento, num encontro que durou cerca de vinte minutos, que me deu uma bênção. Ainda que houvesse um quê de dedicação individual, havia mais gente presente. Com seus olhos claros, os cabelos já raleando, ele pousou então a mão sobre mim e disse a frase da qual não me esquecerei: "Vou cuidar de você."

No atendimento coletivo, usou o bisturi. Fez cortes sem anestesia. Gente de várias partes do planeta presente. Certamente fruto da fama mundial que alcançou, especialmente a partir de 1991, quando a atriz americana Shirley MacLaine se tratou com ele de um câncer na região abdominal. E que ampliou no começo dos anos 2010, ao ser visitado pela apresentadora norte-americana Oprah Winfrey.

De minha parte, o que trago é a humilde sugestão sobre esse homem que se autodenomina não mais que um fazendeiro: quem puder, que vá até lá. Eu me vi outro. Uma sensação, acreditem, para lá de transformadora.

Amor a qualquer tempo

Eu me vejo menino, calções curtos, me ajeitando à carteira então imponente do Grupo Escolar Gonçalves Chaves, de Montes Claros, o município do norte de Minas que desde cedinho acolheu este belo-horizontino. Nós, estudantes do ensino primário, no uniforme padrão: branco e azul-marinho. Entre os colegas, uma garota que, àquela altura, representava não mais do que o amálgama lúdico em meio a tudo que nos cercava.

Mas a vida, sempre a vida, haveria de nos reservar uma surpresa décadas à frente. Eu, como ela, aos 71 anos, alguns casamentos, filhos e netos depois, eis que se dá o reencontro. E revisito aqui uma de minhas máximas preferidas, sublinhando que nada acontece por acaso. Como se uma mão, de um ponto mágico qualquer, tocasse tudo com sua capacidade transformadora.

Assim, me sinto um iluminado. Especialmente por ter me mantido fiel ao princípio de amar uma só mulher quando esse amor desponta num curso em que carrega um quê de sagrado. E não exagero. Comigo se deu o que só se dá em circunstâncias especiais: nós, jovens, beirando os 72 anos, movidos por um sentimento de maduro querer.

Contando, poucos acreditariam. O relacionamento nasceu (ou renasceu) após a publicação de uma foto no blog que mantenho num dos perfis de minha rede social. A pedido do colunista decano Theodomiro Paulino, figura emblemática e velho amigo de Montes Claros, veiculei a imagem dele ao lado de Maria Inês Narciso, numa espécie de teaser para a tradicional feijoada que ele promove naquela cidade. Involuntariamente, ajudei a girar a chave de um delicado baú de recordações. Dali, surgiu um primeiro contato por meio de WhatsApp. Outro mais e, quando nos demos conta, o rastilho da paixão havia se acendido de um jeito vigoroso. Arrebatador.

Os que romantizam todo e qualquer movimento creem que tivemos um affair quando crianças ou mesmo na juventude. Nada disso. Eu me mudei para Belo Horizonte e segui minha trajetória. Maria Inês, a dela. Casou-se muito jovem e teve três filhos. Casou-se novamente e teve mais uma filha. Criou a família, dez netos e um bisneto. No fundo, achava que a vida amorosa tinha passado e nunca mais teria alguém. Eis que surge o imponderável. Dos bancos de escola no primário, depois de um longo hiato, o flerte de duas pessoas em sua melhor idade. Vivendo algo maravilhoso, que, felizmente, a lógica não explicaria.

Eu tenho dois filhos: Paulinho Cesar (que meu deu uma norinha, Fernanda, e o neto, Pedro Corrêa de Oliveira, que mais tarde pode ser PCO) e Gustavo Cesar (hoje o comandante da

VB Comunicação). Ela, quatro. Um amor a qualquer tempo costuma enfrentar barreiras. Acima dos 70, às vezes elas soam intransponíveis. Mas foram sendo vencidas, uma a uma, com zelo, paciência e firmeza. Eu, um jornalista que se pode afirmar ligeiramente conhecido e reconhecido, e Maria Inês, uma mulher elegante e de uma conduta irretocável durante toda sua vida.

Tudo fruto de um sentimento verdadeiro que tomou conta de duas pessoas que se conheceram há mais de sessenta anos e só agora — ah, destino desafiador e instigante — estreitaram uma relação em que amar como dois adolescentes é o que nos inspira. Uma paixão inusitada, sólida, ainda que tardia. Algo que nos alegra a ponto de fazer rejuvenescer em nós a crença de que há um toque sagrado, supremo, naquilo que alimenta o amor. Agradeço a Deus.

Das boas lembranças ao reencontro

Rosa Clarice Narciso, pedagoga

Amigo, bom papo, espirituoso, amável. Conheci Paulo Cesar estudando no Grupo Escolar Gonçalves Chaves, em Montes Claros. Fomos colegas nos 3º e 4º anos do antigo primário, nos anos 1950.

Enquanto crianças e adolescentes, frequentávamos os mesmos lugares, destacando o Montes Claros Tênis Clube, a Praça de Espor-

tes. Ali treinávamos para as competições de natação. Paulo sempre foi um excelente nadador!

À Praça de Esportes íamos todos os domingos. Era o local preferido pelos jovens da época, atraídos pela boate — e nós éramos frequentadores assíduos.

A tranquilidade e a liberdade da adolescência e juventude foram dando lugar aos compromissos com os estudos e afazeres cotidianos, contribuindo para que nos afastássemos. Paulo foi para Belo Horizonte, e eu permaneci em Montes Claros.

Mas nem mesmo a distância impediu que eu continuasse a acompanhar a trajetória profissional de Paulo como jornalista, empresário e articulador respeitável e consagrado. Interesso-me por tudo que ele escreve e faz. Sou sua admiradora!

Atualmente, leio suas publicações na revista Viver Brasil. *Acompanho seu blog e as conexões empresariais que acontecem em Tiradentes.*

Quando Paulo e Maria Inês, minha irmã, manifestaram interesse de se reaproximar, confesso que vibrei. Esse reencontro entre ambos criou oportunidade para que eu também me reaproximasse de meu amigo de tantos anos. Vi naquele momento uma oportunidade para convidá-lo a vir à minha casa.

Não poderia ter sido diferente. Ele aceitou o convite e foi naquela noite que colocamos em dia, entre um assunto e outro, o tempo da escola e tudo mais que buscamos na memória afetiva. Velhos e bons tempos! Vale ressaltar que Paulo tem excelente memória, parecia que nunca havíamos nos afastado. Foi um momento agradabilíssimo, ímpar.

Paulo Cesar, à primeira vista, parece ser uma pessoa fechada, até carrancuda. Ao contrário, ele é uma figura extremamente amável!

Daquela noite para cá, todas as vezes em que estamos juntos o papo leve e descontraído toma conta do tempo, e o riso, esse, corre solto. Ele é uma pessoa inteligente, culta, educada, elegante, espiritualizada e cativante. Melhor anfitrião não existe, recebe a todos com carinho. Minha admiração cresce a cada dia.

Embora tenhamos muito em comum para regar nossos encontros de boa conversa, atualmente o nosso elo maior é Maria Inês, minha irmã querida com quem ele vive em Belo Horizonte. Quando vão a Montes Claros, minha casa é a residência deles, o que me faz duplamente feliz.

Paulo Cesar hoje faz parte da minha família, mais um irmão que Deus colocou em minha vida.

Paulo Cesar de Oliveira, PCO, meu cunhado-irmão!

PCO em frente ao tradicional The Plaza de Nova York

PCO em réveillon black-tie em cruzeiro com sua tia Dulce Lopes de Oliveira, que faleceu em 2018, aos 99 anos, e com sua mãe, Elza

PCO defronte o Arco do Triunfo em Paris, a cidade que ele mais gosta no mundo

O jornalista e escritor Roberto Drummond e PCO

Paulo César Santiago, Hermógenes Ladeira e PCO

Lendo o seu jornal preferido, *O Tempo,* onde mantém artigo semanal

Elza Silva Lopes de Oliveira com o semanário do *Estado de Minas*

Com Pelé no apartamento de Angela Braga Magarian em Nova York

Os escritores Antonio Olinto e Arnaldo Niskier com PCO

A atriz Lady Francisco e PCO, conhecidos desde 1970

Com o jornalista Murilo Melo Filho

Com Maurício Matos, criador do camarote Rio Samba, sucesso no carnaval do Rio

Com Paulo César Santiago, PCO, Ildeu Koscky da Matta, o humorista Chico Anysio e o saudoso jornalista Ney Octaviani Bernis

PCO, o chef Cantídio Lanna e o dono do Maksoud Plaza, Henry Maksoud

Com Dona Lucinha, famosa com restaurante de comida mineira que leva seu nome com casa em BH e SP

PCO, José Eymard e João

Com Celyta Jackson, que marcou época como diretora de marketing do The Plaza de Nova York e hoje tem o Café com Gatos em Miami

Fernanda Correa, PCO e Nicoli Araújo

Daniela Mercury, PCO e Cláudia Ferrari

Com Paulo Navarro e Cláudia Narciso

Clara Machado Braga, PCO, Socorro Almeida e Ana Paula Daher

PCO, GCO e João Marcos Fonseca

PCO e Erika Pessoa

Ângela Paixão Lages, PCO, Maria Eugênia e Ricardo Carlini

Lina Quick, PCO

Mieli, PCO

Maria Inês Narciso, PCO e
Avelino Mendes Costa

PCO, João Pinto e
Lizete Ribeiro

Altina, Salvador
Ohana, PCO,
Rodolfo Gropen e
Ana Paula Gropen

Carlos Bracher, Marina Fernandez, PCO,
Lourenço Peixoto e Eduardo Fernandez

PCO, Dom Walmor
e J.D. Vital

Maria Inês Narciso, Ricardo Boechat e PCO

Com a numeróloga Aparecida Liberato

PCO, Miriam e Décio Freire

Eu e o saudoso Eduardo Couri, que marcou época em BH com suas festas. Hoje não tem mais. Os tempos são outros

PCO, Ângela Furtado, Ângela e Mário Campos

PCO, Simone Gomes e Juliana Couto Martins

TERRA

Unindo ideias e pessoas

Naquele segundo semestre de 2008, com a *Revista Viver Brasil* ensaiando seus primeiros passos, um jantar do qual participariam o jornalista e empresário Paulo Cesar de Oliveira, seu filho, Gustavo Cesar Oliveira, e o ex-ministro da Fazenda do Governo Itamar, Franco Paulo Haddad, seria emblemático para reafirmar o papel catalisador de PCO. Reconhecido desde o início dos anos 1970 como uma figura capaz de reunir expoentes de variados segmentos — da arte à indústria, da educação à gestão pública, do esporte à ciência —, PCO se propunha ali um desafio maior: a partir da visão de ícones locais ou nacionais, buscar referências que fossem como uma espécie de engenho diante dos grandes debates do estado e do país. Mais do que isso, fomentar a reflexão, propagar e partilhar conhecimento, experiências vitoriosas e, fundamentalmente, conectar pessoas.

Nascia o Conexão Empresarial. Entre uma garfada e outra e umas taças leves na Decanter, uma das mais tradicionais enotecas e espaços gastronômicos de Belo Horizonte, costurava-se o formato da proposta. No fundo, significava recorrer ao simples — no melhor sentido da palavra — para tentar alcançar resultados de excelência. Para um país em que o exercício reflexivo estava longe de ser uma prática habitual, a iniciativa foi pouco a pouco sendo abraçada pelos que perceberam nela o desafio de combater o bom combate. Acima de tudo, assumir a postura propositiva em lugar do mero discurso da negação ou de alimentar os consórcios de choramingos. Uma edição, duas edições, três... e o que era projeto começava a se transformar num programa palpável que ia, degrau por degrau, alcançando escalas de reconhecida relevância.

Ouvinte atento. Conselheiro sagaz

Sérgio Leite de Andrade, presidente da Usiminas

Paulo Cesar de Oliveira, o PCO, protagonista do jornalismo e da comunicação em Minas Gerais e no Brasil em mais de cinco décadas, perpassando dois séculos, destaca-se por sua capacidade de relacionamento, compreensão dos fatos da vida cotidiana, capacidade analítica e formuladora de constatações essenciais para a existência humana.

Tendo vivenciado dois períodos marcantes da História da humanidade, a segunda metade do século 20, em que o mundo se reinventou a partir dos escombros da Segunda Guerra Mundial, e o dinâmico século 21, cenário de importantes mudanças no rastro da transformação digital, PCO atravessou cada dia desses tempos buscando entendê-los e neles atuar agregando valor às pessoas.

Mas PCO não se contentou em ser, através do exercício do jornalismo e da comunicação, um profissional atuante e uma testemunha ocular da História. No decorrer de uma trajetória de sucesso, decidiu ser também um empreendedor e criou a Viver Brasil Comunicação. Atuando num segmento altamente competitivo nos dias atuais, o universo da comunicação, PCO cultiva o relacionamento com pessoas protagonistas do viver, atuantes em suas atividades e agregadoras de valor à sociedade. Empresário num cenário adverso, mas estimulante, segue em frente construindo pontes e integrando as pessoas no desafio de formular novas rotas para o desenvolvimento de Minas Gerais e do Brasil.

Tendo por base um competente trabalho empresarial, PCO busca se adaptar aos novos tempos digitais sem deixar de impor sua marca como profissional do jornalismo e da comunicação. Neste caminhar, exerce com imparcialidade a análise de cada fato, em cenários cada vez mais voláteis e desafiadores, assumindo, a partir daí, um protagonismo efetivo no desenrolar dos acontecimentos.

PCO desenvolve um importante trabalho em torno dos desafios para nossa terra. Pessoa sensível e admirada por seus amigos, está sempre aberto ao diálogo e à discussão analítica dos fatos, traçando cenários e as probabilidades de ocorrência de cada um deles, mantendo-se em sintonia com a dinâmica de um mundo em transformação digital e a plena certeza de que vivemos novos e marcantes tempos. Titular de uma extensa e intensa experiência de vida, tornou-se com o tempo um ouvinte atento e um conselheiro sagaz.

Figura humana de elevados valores, PCO cultiva os relacionamentos humanos unindo pessoas e estimulando a prática do bem, tendo a confiança, a transparência e a gratidão sempre presentes em suas atitudes. Em sintonia com o mundo em que vive, busca construir, para si e os que o cercam, um ambiente de bem-estar e felicidade, tão imprescindíveis no mundo em que vivemos.

Madura inspiração

A criação do Conexão Empresarial, no fundo, foi também a sistematização (ou ampliação) de ações que Paulo Cesar de Oliveira costumava fazer desde o início dos anos 1970 em outros formatos. Fosse na organização de eventos destinados a homenagear os que haviam contribuído para a projeção de Minas Gerais, nos mais variados segmentos (com as promoções Destaques do Ano, Melhores do Ano e Melhores de Hoje, nos jornais *Diário de Minas*, *Estado de Minas* e *Hoje em Dia,* respectivamente), ou com encontros realizados em sua própria residência. "Eu sempre fiz isso, mas não de uma maneira formalizada, normatizada. Sempre gostei de reunir pessoas, em jantares, almoços, às vezes até em minha casa. O Conexão Empresarial foi uma forma de oficializar o que nós já fazíamos informalmente", sintetiza PCO.

Mas foi bem menos simples do que soa parecer, ainda que desde seu primeiro momento o Conexão tenha reunido governadores, ministros, executivos das maiores empresas do Brasil e conseguido atrair para ouvi-los figuras de ponta no setor público e privado, representando uma fatia respeitável do PIB nacional. Foi uma maneira que o jornalista encontrou de criar um fórum permanente de debates, como forma de contribuir para as reflexões sobre os destinos da cidade, do estado e do Brasil. A assumida inspiração veio do Fórum de Comandatuba, coordenado por João Doria, amigo desde meados dos anos 1980, quando presidiu a Embratur. Assim, a sede da VB Comunicação, local onde são produzidas as revistas *Viver Brasil* e o *jornal Tudo*, passou a abrir um de seus grandes salões mensalmente, de janeiro a dezembro, para receber em almoço a estrela do dia. Em torno dela, no espaço localizado nos limites da vizinha Nova Lima com Belo Horizonte, cerca de 140 convidados de variados setores, a maioria empresários, formadores de opinião e políticos.

PCO: o homem que conta histórias

Joel Ayres da Motta Filho, diretor do Grupo JAM

Paulo Cesar de Oliveira, o PCO, é de poucos amigos. Há alguns anos, tive a sorte de ser incluído nesse grupo seleto de pessoas que ele leva em consideração e promove a amizade. Conheço o empreendedor, o profissional, o jornalista e também o ser humano por trás da expressão sisuda, carrancuda que ele faz questão de ostentar.

No meio jornalístico, PCO se destaca por ser um mestre das relações e separa como um perito os interesses e os interessados em suas notícias. Como colunista respeitado que é, PCO prima por preservar suas fontes, respeita a informação completa e valoriza cada contato, cada referência com seu tino de repórter. É por isso que o jornalista mineiro soma admiradores e desafetos. Mais admiradores, é claro!

Com a VB Comunicação, um dos mais sólidos grupos de comunicação de Minas, Paulo consegue aglutinar, como nenhum outro relações-públicas, os empresários, autoridades, personalidades e políticos que fazem girar os negócios no Estado e no Brasil. Em tempos de influenciadores digitais, PCO mantém firme sua trajetória de co-

municador, afinado com as novas mídias e levando seu blog a ser uma das principais referências de informação na capital mineira.

Com as publicações da editora — as revistas Viver *e o* jornal Tudo —, *PCO consegue trazer para a sociedade informação de qualidade e produtos gráficos belos, bem planejados e inovadores.*

Como empreendedor, além das empresas de sucesso, criou um dos eventos mais respeitados, concorridos e desejados pelas lideranças dos diversos segmentos de serviços, da indústria e do comércio: o Conexão Empresarial. Além de suas versões mensais, um encontro anual de cerca de quatrocentas personalidades, com duração de quatro dias dedicados ao debate dos rumos de Minas Gerais e do país. Permeado de palestras e oportunidades de encontro, a intenção do evento se cumpre em cada momento: é possível conhecer pessoas, debater política e economia, ampliar relações e apresentar sua empresa e marca para as lideranças dos diversos setores.

Em casa, com os colegas de profissão e entre amigos, PCO deixa de lado a cara fechada e revela-se um bom contador de histórias. Por sua facilidade em escrever e fazer relatos diários em pílulas de conteúdo, seus livros Minha Palavra *e* Encontro *são recheados de vivências pessoais, de conquistas e experiências de uma vida dedicada à palavra, à verdade e ao ofício de retratar o mundo em que vivemos. Tenho certeza de que este novo livro não é diferente.*

Muito sucesso, caro amigo.

Da informalidade aos negócios

E quem se candidata a ter o microfone à mão no Conexão Empresarial? "Procuramos sempre alguém que as pessoas queiram ouvir, que tenha expressão, influência, que traga experiências bem-sucedidas, inovadoras e arrojadas", sinaliza PCO. Assim, por lá passaram palestrantes cuja diversidade representa também o espírito da iniciativa, o de ser aberta e provocante. Um dos objetivos mais do que paralelo é estimular os relacionamentos, o chamado networking. Não foram poucas as vezes em que da informalidade à mesa ou posteriormente aos debates nasceram parcerias ou negócios. Foi assim que uma das gigantes nacionais de seu setor, a Suggar — que fabrica de máquinas de lavar a cafeteiras e nebulizadores — viu as portas das Drogarias Araujo, uma das maiores redes farmacêuticas do Brasil, se abrirem para a comercialização de seus produtos.

Pretensão afirmar que é uma espécie de colaboração a um país em que os modelos reflexivos carecem de tradição? "Damos nossa cota", resume modestamente PCO. "O que se pode dizer é que conquistamos representatividade, reconhecimento e renovamos nossa relação de respeito com parceiros, mercado e a sociedade em geral." É fato. A própria "longevidade" do programa mostra que ele é um projeto consolidado. Desde a idealização, em 2008, aos primeiros encontros, em 2009, e à sequência vitoriosa, o Conexão Empresarial chegaria ao fim de 2018 com algo em torno de 16 mil presentes, aí incluídas as cerca de noventa edições mensais e as especiais, feitas uma vez ao ano.

Os bons resultados inspiraram uma versão anual ampliada, promovida sempre aos meses de junho, deslocando-se da sede da VB Comunicação para Tiradentes (2010, 2011, 2016,

2017 e 2018) e Araxá (2012 a 2015). Nesse modelo, mais de quatrocentos convidados, numa bateria de debates que se prolongam por quatro dias. Como autênticos anfitriões mineiros, os organizadores tornaram o leitão à pururuca uma tradição nesse formato estendido.

"É preferível e sempre prudente abrir mão do ar pretensioso, mas é preciso reconhecer que as vozes do Conexão estão aí para serem ouvidas para além dos salões em que se projetam", sublinha Paulo Cesar de Oliveira. Um exemplo que sempre lhe vem à memória é o da então candidata à Presidência da República Dilma Rousseff, vista à época com reserva e resistência especialmente no meio empresarial, que se elegeria e seria deposta num processo de impeachment depois de se reeleger em 2014. Ela era uma das convidadas à programação de Tiradentes, em 2010. "Muitos torciam o nariz, mas ela foi bem e acho que até conquistou ali alguns votos." Tão marcante que não sai da memória do filho e diretor da VB, Gustavo Cesar Oliveira, mas sob um outro olhar. "Foi visível que as posições políticas expostas por Dilma Rousseff ganharam repercussão nacional. Ela ali conseguiu se mostrar uma candidata mais humanizada, trabalhando um lado então pouco explorado, como mãe, filha, mulher."

Era parte da mesma tradição democrática que levaria às mesas do Conexão pré-candidatos presidenciais, como Ciro Gomes em 2010, Aécio Neves e Eduardo Campos em 2014, além de postulantes ao governo de Minas e à Prefeitura de Belo Horizonte. Ou mesmo expoentes políticos já eleitos, como o prefeito de São Paulo, João Doria, visto como um fenômeno a partir de sua vitória no primeiro turno das eleições de 2016. Doria abriria o programa em 2017 na sede da VB Comunicação.

"O Brasil inteiro estava de olho nele", registra PCO.

Naquele dia, convidados de peso disputavam as vagas para lá de concorridas, reforçando a avaliação de que o Conexão Empresarial se firmara para além daquela mesa de jantar em que fora elaborado no já distante 2008. Mais do que isso: como em muitas vezes, parte da imprensa nacional se deslocou ao evento, a exemplo do que já fizera (e faria) em passagens por lá de figuras como o empresário Eike Batista, quando ainda figurava no noticiário econômico, o então ministro da Fazenda do Governo Temer, Henrique Meirelles, ou o então presidente da Câmara Federal Rodrigo Maia. Confirmação de que o sonho embalado anos antes ganhara representatividade, evidência e maioridade. O Conexão Empresarial, de ambiente reflexivo, passara definitivamente a uma respeitável câmara de eco.

Partilhando conhecimento. Enriquecendo relações

Gustavo Cesar Oliveira, diretor da VB Comunicação

Os primeiros passos do Conexão Empresarial começam lá atrás. Ele nasce como um diferencial peculiar de Paulo Cesar de Oliveira a partir de sua capacidade de promover e conquistar relações especiais, mantê-las, envolver-se e provocá-las. Nasce do perfil dele, de ser essa figura catalisadora, que irradia, agrega e, acima de tudo, passa confiança. Veja o exemplo da promoção em que reunia os ícones de vários segmentos em Minas, já no começo dos anos 1970, reconhecidos e premiados como destaques em diversos setores, da educação ao esporte, da tecnologia à indústria, das artes à gestão pública.

Dentro dessa perspectiva, nós chegamos a um modelo em 2008, já na VB Comunicação, que no ano seguinte desaguaria numa das realizações que nos propúnhamos a cumprir. A partir daí, esse desafio de provocar o setor produtivo, de juntar pessoas da área empresarial com representantes do setor público, que já era uma referência do Paulo Cesar ao longo de sua trajetória, vai amadurecendo para um outro formato. Eu me lembro que estávamos reunidos, Paulo Cesar, eu e Paulo Haddad, ex-ministro da Fazenda no governo Itamar Franco. Como embrião da proposta, formulamos um primeiro evento destinado a discutir Minas Gerais, o Brasil, com personagens e público qualificados.

Então, essa foi a inspiração inicial. Trazer figuras que de fato tivessem destaque no seu setor, que fossem referência para além dele, com seus pensamentos, atitudes e modelos de gestão, e, na outra ponta, quem pudesse ouvi-las no papel de uma refinada câmara de eco. Foi essa receita que a gente buscou, o que estava muito associado a nosso trabalho na área de comunicação. O conceito, portanto, é plural. E a diversidade só reforça nossos objetivos. Convidados que vão do setor governamental, bancário, comercial, de serviços, minerador ao de entretenimento, artístico. Enfim, algo múltiplo.

Então, o Conexão nasce como espaço em que os temas vitais possam ser debatidos com influência e efeito. Ao longo desses últimos anos, quase uma década, ele vem se colocando a serviço da discussão dos assuntos mais relevantes para Minas Gerais, para o país e, mais do que isso, o Conexão vem gerando uma mobilização a partir das relações que nascem nesses encontros. Um dos pilares de nosso negócio está associado a essa ação ligada não só à promoção do debate, mas da propagação de ideias, das relações que se originam a partir dessa provocação positiva, e são fortalecidas na versão mensal ou anual.

O Conexão se credenciou, assim, a fomentar a difusão de conhecimento. E com sucesso crescente. Isso se deve ao perfil do Paulo Cesar, por ser uma pessoa aglutinadora, disposta a fazer o papel de ponte. Não foi por acaso que, sendo uma fonte confiável de informação, se transformou num canal para levar adiante propósitos maiores em nome de mineiros de peso. E, o principal, assegurando credibilidade à promoção.

Ser um canal de reflexão é nosso objeto central. Essa

saudável provocação envolve empresários, políticos, pessoas que geram empregos, que comandam os destinos na área executiva governamental ou na legislativa.

O modelo de construção de eventos como o Conexão, a exemplo de outros fóruns, como o Lide, do grupo de líderes empresariais criado por João Doria, que se tornaria prefeito de São Paulo e governador do Estado, constrói suas respostas evento após evento. Cito um caso emblemático consumado a partir do Conexão Empresarial. Duas empresas genuinamente mineiras, a Drogaria Araujo e a Suggar, que até então não tinham relacionamento comercial, se tornaram parceiras. Produtos da Suggar, como nebulizadores, passaram a ser vendidos na rede de farmácias. Certamente, não foram poucas as vezes em que ajudamos a gerar negócios.

Ou em que alimentamos uma expectativa acima da convencional. Um dos encontros que mais causaram repercussão está relacionado ao empresário Eike Batista, que em 2010 vivia sua condição de "Midas". Superdisputado, adiado a poucas horas da palestra, com mais de 130 pessoas confirmadas, e reagendado para quatro dias depois, sem perder o altíssimo grau de interesse. Tão singular quanto a presença do presidente do Bradesco, Luiz Carlos Trabuco, que deu uma palestra extremamente humana associada a sua visão econômica e de negócios. Algo que pouquíssimas pessoas teriam condição de fazer.

Há uma curiosidade que se move a partir da expectativa de conhecer novas práticas, daquilo que pode representar um novo Brasil, por exemplo. É o que explica a busca por um assento durante a participação de João

Doria, poucos meses depois de ser eleito prefeito de São Paulo. A amizade dele com o Paulo Cesar, que já se mantém há mais de trinta anos, só vem se fortalecendo em sua trajetória profissional e pessoal.

O que nos orgulha especialmente nessa missão é ver a VB reconhecida como canal indutor. A partir desse reconhecimento, o campo institucional se amplia, seja entre nossos leitores, anunciantes, colaboradores. Eles, no fundo, referendam nosso papel também na proposição de buscar caminhos, respostas para as demandas vitais de Minas e do Brasil.

O Conexão, dessa maneira, se torna algo bem mais representativo que seus números, ainda que esses sejam grandiosos. Numa síntese: somos um fomentador de relações, buscamos conteúdos e personagens relevantes. Abrimos canais para interlocução entre os setores privado e público e os mais variados segmentos da sociedade. Modestamente, fazemos o papel de engenho. Na prática, reunindo conhecimento, relacionamento corporativo do qual poderão surgir negócios, parcerias, e, igualmente importante, o relacionamento humano.

QUEM PARTICIPOU

2009

• Antonio Anastasia, vice-governador de Minas Gerais

2010

FEVEREIRO

• Luciano Coutinho, presidente do BNDES

MARÇO

• Ciro Gomes, ex-governador do Ceará, ex-ministro da Fazenda no Governo Fernando Henrique Cardoso, ex-ministro da Integração Regional no Governo Lula, então pré-candidato à Presidência da República pelo PSB

ABRIL

• Eike Batista, presidente dos grupos MMX, OGX, MPX, OSX e CCX, que operavam nas áreas de mineração, petróleo e gás, energia, indústria naval e carvão

MAIO

• Antonio Anastasia, governador de Minas Gerais

JUNHO

Conexão Tiradentes

• Antonio Anastasia, governador de Minas; Dilma Rousseff, então candidata à Presidência da República; Hélio Costa; Wilson Brumer, presidente da Usiminas; Paulo Paiva, presidente do BDMG

JULHO

• Marcos Coimbra, diretor da Vox Populi

AGOSTO

• Henrique Meirelles, presidente do Banco Central

SETEMBRO

• Hélio Costa, senador

OUTUBRO

• Sergio Habib, ex-presidente da Citroen no Brasil, executivo do setor automotivo

NOVEMBRO

• Sérgio Cavallieri, presidente da Ale

DEZEMBRO

• Antonio Anastasia, governador de Minas Gerais

2011

FEVEREIRO

• Fernando Pimentel, ministro do Desenvolvimento, Indústria e Comércio no Governo Dilma Rousseff

MARÇO

• Dorothea Werneck, ex-ministra da Indústria e do Comércio no Governo Fernando Henrique Cardoso, secretária de Desenvolvimento Econômico de Minas Gerais

ABRIL

- Nizan Guanaes, publicitário, presidente da agência África

MAIO

- Fábio Decat, presidente de Furnas

JUNHO

Conexão Tiradentes

- Antonio Anastasia, governador de Minas; Renata Vilhena, secretária de Planejamento de Minas; Olavo Machado, presidente da Fiemg

JULHO

- Renata Vilhena, secretária de Planejamento de Minas Gerais

AGOSTO

- Garibaldi Alves, ministro da Previdência do Governo Dilma Rousseff

SETEMBRO

- Luiz Carlos Trabuco, presidente do Bradesco

OUTUBRO

- Jacques Wagner, governador da Bahia

NOVEMBRO

- Wilson Brumer, presidente da Usiminas

DEZEMBRO

- Antonio Anastasia, governador de Minas Gerais

2012

FEVEREIRO

- Marcio Lacerda, prefeito de Belo Horizonte

MARÇO

- Edison Lobão, ministro de Minas e Energia

ABRIL

- Rui Falcão, presidente nacional do PT

MAIO

- Sérgio Guerra, presidente nacional do PSDB

JUNHO

Conexão Araxá

- Antonio Anastasia, governador de Minas; Eduardo Campos, governador de Pernambuco; Olavo Machado, presidente da Fiemg; Alexandre Schwartsman, sócio-diretor da Schwartsman & Associados Consultoria Econômica; Carlos Mário Velloso, ex-ministro do STF; Ricardo Barros, presidente da Minas Arena; José Mário Caprioli dos Santos, presidente da Trip Linhas Aéreas; e Luiz Antônio Athayde, secretário de Investimentos Estratégicos do governo de Minas

AGOSTO

- Patrus Ananias, ex-prefeito de Belo Horizonte, ex-ministro do Desenvolvimento Social e Combate à Fome no Governo Lula

SETEMBRO

- Marcio Lacerda, prefeito de Belo Horizonte

OUTUBRO

- Daniela Mercury, cantora

NOVEMBRO

- Julián Eguren, presidente da Usiminas

DEZEMBRO

- Marcio Lacerda, prefeito de Belo Horizonte

2013

FEVEREIRO

- Olavo Machado, presidente da Fiemg

MARÇO

- Paulo Castellari, presidente da Anglo American

ABRIL

- Alexandre Padilha, ministro da Saúde

MAIO

- Antônio Andrade, ministro da Agricultura

JUNHO

Conexão Araxá

- Antonio Anastasia, governador de Minas; Fernando Pimentel, ministro do Desenvolvimento Econômico e Comércio Exterior; Eduardo Campos, governador de Pernambuco; Jacques Wagner, governador da Bahia; Paulo Rabello de Castro, PhD em Economia

JULHO

- Moreira Franco, ministro da Aviação Civil

AGOSTO

- Tadeu Carneiro, presidente da CBMM

SETEMBRO

- Marconi Perillo, governador de Goiás

OUTUBRO

- Eugenio Mattar, presidente da Localiza

NOVEMBRO

- Clodorvino Belini, presidente do Grupo Fiat-Chrysler

DEZEMBRO

- Marcio Lacerda, prefeito de Belo Horizonte

2014

FEVEREIRO

- Aécio Neves, senador e presidente nacional do PSDB

MARÇO

- Luiza Helena Trajano, presidente da Magazine Luiza

ABRIL

- Pimenta da Veiga, pré-candidato ao governo de Minas

MAIO

- Eduardo Campos, pré-candidato à Presidência da República
- Fernando Pimentel, pré-candidato ao governo de Minas

JUNHO

Conexão Araxá

- Alberto Pinto Coelho, governador de Minas; Paulo Castellari, presidente da Anglo American; Luiz Fernando Pires, presidente da construtora Mascarenhas Barbosa Roscoe; Olavo Machado, presidente da Fiemg; Fernando Pimentel e Pimenta da Veiga, candidatos ao governo de Minas; Luiz Carlos Mendonça de Barros, ex-ministro do Planejamento no Governo Fernando Henrique Cardoso

JULHO

- Paulo Rabello de Castro, economista

AGOSTO

- Márcio Utsch, presidente da Alpargatas

SETEMBRO

- Ricardo Guedes, diretor do Instituto Sensus

OUTUBRO

- Renato Folino, diretor executivo do UBS

NOVEMBRO

- Fernando Pimentel, governador eleito de Minas Gerais

DEZEMBRO

- Alberto Pinto Coelho, governador de Minas Gerais

2015

FEVEREIRO

- Luiz Fernando Pezão, governador do Rio de Janeiro

MARÇO

● Paulo Corchaki, diretor do UBS

ABRIL

● Ricardo Boechat, jornalista-âncora da TV Bandeirantes

MAIO

● Helvécio Magalhães, secretário de Planejamento de Minas

JUNHO

Conexão Araxá

● Fernando Pimentel, governador de Minas Gerais; Marco Antônio Castello Branco, presidente da Codemig; Olavo Machado, presidente da Fiemg; José Roberto Mendonça de Barros, economista; Carlos Miguel Aidar, presidente do São Paulo Futebol Clube; Miguel Corrêa, secretário de Estado de Ciência, Tecnologia e Ensino Superior

JULHO

● Bernardo Paz, criador do Instituto Inhotim

AGOSTO

● Carlos Velloso, ex-ministro do STF

SETEMBRO

● Adalclever Lopes, presidente da Assembleia

OUTUBRO

● Cledorvino Belini, presidente do
grupo Fiat-Chrysler

NOVEMBRO

- Modesto Araujo, presidente da Drogaria Araujo

DEZEMBRO

- Armando Monteiro, ministro do Desenvolvimento

2016

FEVEREIRO

- Olavo Machado, presidente da Fiemg

MARÇO

- Dom Walmor Oliveira, arcebispo metropolitano de BH

- Samuel Flam, diretor-presidente da Unimed-BH

ABRIL

- Israel Salmen, sócio-fundador da Méliuz

MAIO

- Pedro Faria, presidente global da BRF

JUNHO

Conexão Tiradentes

- Carlos Velloso, ex-ministro do STF; Antônio Fabrício de Matos Gonçalves, presidente da OAB/MG; Roberto Brant, ministro da Previdência do governo Fernando Henrique Cardoso; Ronaldo Patah, estrategista em investimentos do UBS; Luiz Paulo Rosenberg, economista; Samuel Flam, presidente da Unimed-BH; Euler Nejm, dirigente do Super Nosso; José Martins de Godoy, fundador do Instituto Áquila; Luiz Henrique Araujo, presidente do Banco Mercantil do Brasil; José Francisco Cançado, da Conartes Engenharia e Edificações;

Miguel Corrêa, secretário de Ciência, Tecnologia e Ensino Superior; Gustavo Caetano, CEO da Samba Tech; Evaldo Vilela, presidente da Fapemig; Marco Antônio Castello Branco, presidente da Codemig; Luciane Gorgulho, chefe do Departamento de Cultura, Entretenimento e Turismo do BNDES; Roberto Lima, diretor da Ancine; André Silva Spínola, gerente nacional de atendimento setorial de serviços do Sebrae; e Bruno Safadi, cineasta

JULHO

- João Leite (PSDB), Délio Malheiros (PSB), Eros Biondini (PROS), Reginaldo Lopes (PT), Rodrigo Pacheco (PMDB) e Luis Tibé (PTdoB), candidatos à Prefeitura de Belo Horizonte

SETEMBRO

- João Kepler, associado da Bossa Nova Investimentos

SETEMBRO

- Rodrigo Maia, presidente da Câmara Federal

OUTUBRO

- Mario Vrandecic, fundador e diretor-geral do Biocor

NOVEMBRO

- Fernando Schuffner, diretor da Prumo Logística

DEZEMBRO

- Vittorio Medioli, presidente do Grupo Sada e prefeito de Betim

2017

FEVEREIRO

- João Doria Jr., prefeito de São Paulo

MARÇO

• Ruben Fernandes, presidente da Anglo American do Brasil

ABRIL

• Sylvia Coutinho, presidente do banco UBS

MAIO

• Henrique Meirelles, ministro da Fazenda

JUNHO

Conexão Tiradentes

• Fernando Pimentel, governador de Minas Gerais; Olavo Machado, presidente da Fiemg; Paulo Rabello de Castro, economista; Laura Carvalho, jornalista e economista; Miguel Corrêa, secretário de Desenvolvimento Econômico, Ciência, Tecnologia e Ensino Superior; Marco Antônio Castelo Branco, presidente da Codemig; Paulo Brant, presidente do P7 Criativo; Vittorio Medioli, prefeito de Betim; Humberto Souto, prefeito de Montes Claros; Bruno Siqueira, prefeito de Juiz de Fora; Décio Freire, advogado; Rodrigo Pacheco, deputado federal; Sérgio Murilo Braga, presidente da Caixa de Assistência dos Advogados; José Colagrossi, diretor executivo do Ibope Repucom; Ana Cristina Sanches Noronha, diretora financeira da Anglo American; Frederico Nogueira, CEO da Urbana Mídia

JULHO

• Vitor Penido, prefeito de Nova Lima

AGOSTO

• Álvaro Dias, senador pelo Paraná

SETEMBRO

- Zeina Latif, economista chefe da XP Investimentos

OUTUBRO

- Ronaldo Iabrudi, diretor presidente do GPA

NOVEMBRO

- Sérgio Leite de Andrade, presidente da Usiminas

2018

FEVEREIRO

- Henrique Meirelles, ministro da Fazenda

MARÇO

- Geraldo Alckmin, governador de São Paulo

ABRIL

- Ciro Gomes, pré-candidato à Presidência da República pelo PDT

MAIO

- Miguel Corrêa, secretário de Desenvolvimento Econômico, Ciência e Tecnologia; Marcone Siqueira, cofundador do The Bakery do Brasil, aceleradora de desafios corporativos

JUNHO

Conexão Tiradentes

- Pré-candidatos à Presidência da República Ciro Gomes (PDT), João Amoedo (Novo) e Álvaro Dias (Podemos); candidatos ao governo de Minas Romeu Zena (Novo) e Antonio Anastasia (PSDB);

Rodrigo Pacheco, deputado federal; Marcio Lacerda, ex-prefeito de Belo Horizonte; Sergio Leite de Andrade, presidente da Usiminas; Elaine Sol, diretora comercial do Grupo Prestar; Gustavo Greco, diretor criativo da Greco Design; Ruben Fernandes, presidente da Anglo American; Salim Mattar, fundador da Localiza; Márcio Cadar, fundador do Grupo MDK; Sirone Ferraz, presidente da Urbaminas; Guilherme Guimarães, diretor-geral da Strava; Luiz Eugênio Andrade Filho, responsável regional pelo Grupo Oncoclínicas; Eduardo Dominicale, vice-presidente do Grupo BMG; João Kepler, Fundo Bossa Nova; Felipe Davis, diretor comercial do Grupo Pad; Eduardo Navarro, presidente da Vivo; Antônio Almas, prefeito de Juiz de Fora

JULHO

- Antonio Filosa, presidente da Fiat-Chrysler para a América Latina

AGOSTO

- Antonio Anastasia, candidato do PSDB ao governo de Minas; João Batista dos Mares Guia, candidato do PDT; Adalclever Lopes, candidato do MDB, e Romeu Zema, candidato do Novo

SETEMBRO

- Rodrigo Lasmar, médico do Atlético e da Seleção Brasileira, Samuel Flam, presidente da Unimed BH; Marcus Andrade, cardiologista; Garibalde Murteza, presidente do Sicoob-Credicom; Silvane Castro, da Seven Gestão; e Lucas Couto, da Patrimar

OUTUBRO
- Flávio Roscoe, presidente da Federação das Indústrias de Minas Gerais (Fiemg)

NOVEMBRO
- Romeu Zema, governador eleito de Minas Gerais

DEZEMBRO
- Marco Antônio Castello Branco, presidente da Codemig

Josef El Bacha, PCO, Neylor Lasmar e Ildeu Koscky da Matta

Marcio Ladeira, Alfons Gardemann, PCO

Com o cirurgião plástico carioca José Furtado

Com Fábio Machado, um mineiro que venceu em Nova York e hoje tem 10 restaurantes na capital do mundo

Sônia Sahão, PCO e Luiz Antônio Vasconcelos

Leopoldo Mesquita, PCO, Marlene Mesquita

PCO, Amilcare Dallevo e Luiz Tito

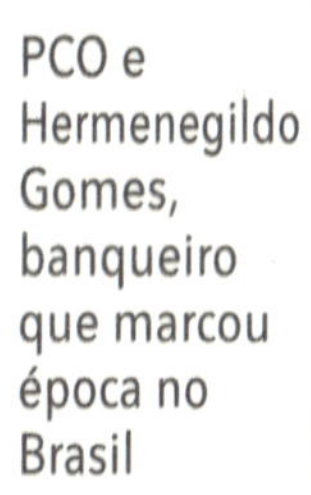

PCO e Hermenegildo Gomes, banqueiro que marcou época no Brasil

Sérgio Braga e PCO

Deusdedith Aquino, Emanuel Carneiro, Danilo e PCO

GCO, José Mário Capriolli e PCO

PCO, Paulinho, Eike Batista e GCO

Com Fernando Coura, presidente do Sindiextra

Eric Braz Tambasco, PCO, Bráulio Braz e GCO

Marco Antônio Araújo, Luiz Henrique Araújo e PCO

PCO, Sônia Lessa e Olavo Machado

PCO, Sérgio Braga e Rosangela Rosti

GCO, Ruben Fernandes e PCO

Robério Silva, PCO e Marcos Calmon

PCO, Sérgio Leite, Antônio Filosa e GCO

PCO e Adriana Machado

PCO, Romeu Trussardi, Guilherme Bitencourt

Mário Campos, PCO e Roberto Simões

Ângela Gutierrez e PCO

Salvador Ohana, Fernando Parrego, PCO, Bruno Ferrari

PCO e Marco Aurélio Costa

PCO, Paulo César Santiago, Eduardo Lages

Robério Silva, Pedro Borrego e PCO

Cândida Bicalho, PCO, Pedro Borrego, Arthur Liagre

PCO e Ayres Valim

PCO e Rodrigo Meneguette

GCO, Emir Cadar Filho e PCO

GCO, Zeina Latif, PCO
e Rosângela Rosti

PCO e Caio de Carvalho

Com Alexandre e Anderson Birman,
os donos da Arezzo

Maria Inês Narciso
e PCO com seu neto
Pedro Corrêa
de Oliveira

O QUE ELES DISSERAM NO CONEXÃO EMPRESARIAL

2010

ANTONIO ANASTASIA, GOVERNADOR

"Minas Gerais, mais do que preparada, já está pronta para que esse nosso salto, que já está em curso, seja completado e nos permita outro salto de desenvolvimento. Para isso, as ideias de planejamento e parceria continuam nas nossas raízes. A obsessão pela diversidade da nossa economia, por agregar valor aos nossos produtos e pelo desenvolvimento regional continuarão cada vez mais adensados."

LUCIANO COUTINHO, PRESIDENTE DO BNDES NO GOVERNO LULA

"O Brasil está preparado para um ciclo de crescimento de longo alcance como não existiu nas últimas três décadas, por uma série de motivos. Um deles é a questão fiscal e o outro o processo de estabilização da economia com as reservas externas, que deixaram a economia brasileira menos vulnerável."

CIRO GOMES, DEPUTADO FEDERAL, EX-MINISTRO DOS GOVERNOS FHC E LULA

"O que o jovem escuta, por conta desse moralismo estúpido, é que a política é um pardieiro de pilantras, onde só vão safados, enganadores. Por isso o jovem não participa mais. Se nós induzimos a população a acreditar que a Presidência da República é o lugar onde se assenta Deus, e não um homem de estado, homem não tem mais valor algum. Reclamam-se reformas política, tributária, previdenciária, uma legislação de combate à violência, melhor educação. O monopólio disso está com o Congresso."

EIKE BATISTA, PRESIDENTE DO GRUPO EBX

"Não diria que arrisco, pois são riscos calculados. Primeiro, buscamos o mercado, é o que sempre faço. Depois, investimos, porque se descobre um mercado grande. Por isso estou construindo dois superportos na costa brasileira. É o famoso negócio bem estruturado. Faço projetos enxergando muitas vezes coisas que ninguém viu. Na verdade, o risco é mitigado quando se tem um conceito bem bolado."

DILMA ROUSSEFF, CANDIDATA À PRESIDÊNCIA DA REPÚBLICA EM 2010

"Para nós vale mais a pena e é um valor maior e fundamental, a gente ser criticado — e eu posso falar isso porque nós somos bastante criticados pela imprensa — do que uma imprensa de boca fechada publicando poesias de Camões ou receitas de bolo. Dentro da liberdade de expressão, a liberdade de imprensa é fundamental", durante o evento Conexão Empresarial em Tiradentes.

MARCOS COIMBRA, DIRETOR DO INSTITUTO VOX POPULI

"Temos uma legislação que torna mais difícil ao eleitor a eleição de cargo proporcional. Temos um sistema de voto sem nenhuma base geográfica. Há muitos anos se discute o voto distrital, mas isso nunca foi adiante. O modelo que temos não é bom. Ele dá muito valor a quem tem uma atuação local — ex-prefeito, uma pessoa que tenha uma atuação numa determinada cidade — e há pouca influência do voto de opinião."

HÉLIO COSTA, SENADOR, CANDIDATO AO GOVERNO DE MINAS

"Eu vejo essa eleição como uma eleição diferente, pela maneira como ela vem sendo conduzida. São diferentes maneiras de se fazer política, de os candidatos se manifestarem. Eles dispõem hoje de ferramentas que não existiam. A internet é importante, assim como as redes sociais. Nós não sabemos avaliar ainda se a internet e todas as demais ferramentas têm o mesmo potencial que já demonstraram em eleições fora do Brasil."

HENRIQUE MEIRELLES, PRESIDENTE DO BANCO CENTRAL

"Temos problemas, mas eles são resultado do sucesso, e não do fracasso. Se tudo continuar como está (política macroeconômica e desempenho da economia), o país poderá chegar a uma taxa de juros de níveis internacionais. Hoje o país está em condições de fazer seu planejamento. O Brasil começou a acumular reservas internacionais, o que nos permitiu partir, de maneira mais agressiva, para as políticas de exportação e, com isso, gerarmos saldos comerciais positivos."

SÉRGIO HABIB, PRESIDENTE BRASILEIRO DA JAC

"Nossos automóveis (da China) são melhores do que os brasileiros, e o estilo é semelhante. Em dois ou três anos nossa qualidade será muito superior à dos carros produzidos no Brasil."

SÉRGIO CAVALLIERI, PRESIDENTE DA ALE COMBUSTÍVEIS

"As empresas têm a capacidade de transformar a sociedade. O modelo de consumir e descartar chegou ao fim, se esgotou. Empresas que agem assim despertam a admiração dos clientes e interessam mais a seus fornecedores. A falta de ética no mercado empresarial está com os dias contados."

2011

FERNANDO PIMENTEL, MINISTRO DO DESENVOLVIMENTO, INDÚSTRIA E COMÉRCIO EXTERIOR

"Está havendo uma mudança muito grande em função do crescimento da China. Não só no Brasil, no mundo inteiro. Crescentemente, países industrializados estão começando a substituir alguns componentes da sua linha de produção por componentes importados — não necessariamente da China. Isso é um problema? É, mas teremos de nos adaptar. Não significa que vamos nos industrializar. Significa que nós vamos nos especializar mais. Em alguns segmentos vamos ter domínio completo. Em outros, não. É preciso dosar bem para que isso não signifique um processo em que toda a indústria comece a ser puxada para baixo."

DOROTHEA WERNECK, SECRETÁRIA DE DESENVOLVIMENTO ECONÔMICO DE MINAS GERAIS

"O nosso desafio começa pelo fato de termos de conquistar o que ainda não temos, continuar explorando os setores existentes e diversificar nossa indústria de bens de consumo final."

NIZAN GUANAES, PUBLICITÁRIO DA AGÊNCIA ÁFRICA

"Precisamos trazer para nossas empresas o espírito da inovação. Quanto maior o sonho, maior a possibilidade de ser concretizado. Mas, para isso, é preciso ter disciplina."

FLÁVIO DECAT, PRESIDENTE DA ELETROBRAS FURNAS

"Metade do que os consumidores pagam às concessionárias é de impostos, e eles somente poderão ser diminuídos com a reforma tributária. Precisamos enfrentar esta questão para baratearmos a energia para os brasileiros."

RENATA VILHENA, SECRETÁRIA DE PLANEJAMENTO E GESTÃO DE MINAS GERAIS

"Temos alguns municípios com os maiores Índices de Desenvolvimento Humano (IDH), mas também temos outros com os menores IDHs. Quando vamos definir política pública, ela tem de ser diferenciada."

GARIBALDI ALVES, MINISTRO DA PREVIDÊNCIA

"O sistema previdenciário brasileiro precisa urgentemente de uma ampla reforma para evitar seu caos. Infelizmente, o Brasil não tem situação de estabilidade política que permita vontade para se fazer uma grande transformação na Previdência. Mas chegou a hora de mudar essa realidade. Quando se depara com uma situação como a atual, não se pode perguntar por que modificá-la, mas por que não modificá-la."

LUIZ CARLOS TRABUCO, PRESIDENTE DO BRADESCO

"O Brasil foi destaque negativo em manchetes de veículos internacionais por causa da moratória da dívida externa, por seus problemas econômicos, pelo confisco da poupança. Mas, felizmente, nosso país mudou. Os anos 1990 serviram para se criar a confiabilidade da moeda, após dezessete trocas de nome. Os anos seguintes serviram para a incorporação de consumidores no mercado, como também ocorreu na Europa e nos Estados Unidos."

JACQUES WAGNER, GOVERNADOR DA BAHIA

"Sou favorável ao Estado necessário, que cuide do que precisa ser cuidado, mas que também dê espaço à iniciativa privada. O melhor exemplo disso são as PPPs, que contribuíram para um grande salto no desenvolvimento do Brasil."

WILSON BRUMER, PRESIDENTE DA USIMINAS

"Há setores que estão sendo corroídos. E a balança comercial, apesar de sempre superavitária, não diz muito sobre a economia brasileira como um todo. O país apresenta sinais de desindustrialização, e a elevação de custos tem motivado a migração de investimentos."

2012

EDISON LOBÃO, MINISTRO DAS MINAS E ENERGIA

"O Brasil é o país com a economia mais prestigiada do mundo e agora está se impondo como a grande nação que é."

RUI FALCÃO, PRESIDENTE DO PT

"Vivemos um desenvolvimento econômico com geração de empregos e responsabilidade sustentável associado à distribuição de renda. Esta é a receita que nos permitirá crescer mais de 4% ao ano a partir de 2012, e que também tem como ingrediente o conjunto das ações do governo junto aos empresários e à sociedade."

SÉRGIO GUERRA, PRESIDENTE DO PSDB

"O PSDB não assumiu seu passado, a história, o legado de Fernando Henrique Cardoso para o Brasil e isso custou muito caro ao partido nas eleições de 2010. O PSDB precisa ter candidato novo, e não há força hoje que se coloque no Brasil contra o Aécio."

PATRUS ANANIAS, DEPUTADO FEDERAL, CANDIDATO A PREFEITO DE BELO HORIZONTE

"Temos de retomar Belo Horizonte como um centro financeiro, como um centro de geração de tecnologias, pois a cidade abriga importantes universidades que podem contribuir com isso. (...) Não é somente o metrô que precisa de investimentos. É um desafio de primeira hora melhorar o transporte público porque 65% da população o utiliza."

DANIELA MERCURY, CANTORA

"A esfera governamental e a iniciativa privada precisam investir mais em projetos culturais e de entretenimento. Eles geram renda, empregos, ajudam a reduzir a violência e o risco social, além de levar conhecimento, diversão e cultura à população."

JULIÁN EGUREN, PRESIDENTE DA USIMINAS

"O Brasil precisa investir pelo menos o equivalente a 5% do PIB em infraestrutura. Esta é uma decisão difícil, mas precisa ser tomada porque com ela todos ganham. A economia de varejo no Brasil cresce, enquanto cai sua produção industrial, com enfraquecimento real das cadeias da indústria."

2013

ALEXANDRE PADILHA, MINISTRO DA SAÚDE

"A gestão não é tão difícil de ser resolvida. É possível conseguir financiamento e pagá-lo em curto prazo, mas é impossível se formar um bom médico em prazo menor que oito anos e nós precisamos de mais profissionais atuando no setor de saúde no Brasil", ao mencionar o tripé que seria desafio ao país: gestão, financiamento e recursos humanos.

LUIZ ANTÔNIO ATHAYDE, SUBSECRETÁRIO DE INVESTIMENTOS ESTRATÉGICOS DA SECRETARIA DE ESTADO DE DESENVOLVIMENTO ECONÔMICO

"A economia não aceita improvisação. Ela exige preparo para entender o mercado, que será suprido por quem estiver mais bem preparado. Atualmente, não são as grandes empresas que engolem as pequenas, são as mais rápidas que acabam com as mais lentas."

PAULO RABELLO DE CASTRO, ECONOMISTA

"O governo se atribuiu a responsabilidade de fazer os investimentos no país, mas eles não nascem no governo, que precisa ter humildade para perguntar como ajudar os empresários a trabalharem, e não dizer como irá trabalhar."

MOREIRA FRANCO, MINISTRO DA AVIAÇÃO CIVIL

"Temos uma carência enorme, que é a de anos de falta de investimento. A crise no país a partir de 1982, com inflação, desorganização da moeda, desestruturou nossa aviação. Os recursos existem, o modelo garante que sejam transferidos, tem a determinação e a vontade política da presidente Dilma Rousseff, por entender que o gargalo aeroviário tem de ser enfrentado."

MARCONI PERILLO, GOVERNADOR DE GOIÁS

"Os estados estão cada vez mais enfraquecidos, mas nem

por isso com menos demandas e compromissos. Análises que temos feito em nosso governo mostram que, se não houver uma solução urgente quanto às sucessivas desonerações do governo, além da ampliação em serviços públicos, vários estados correm o risco de uma quebra financeira."

EUGÊNIO MATTAR, CEO DA LOCALIZA

"Há ceticismo geral no Brasil, há desconfiança no futuro do país, mas acredito que o Brasil, acima da incompetência de qualquer governo, a longo prazo melhorará sua economia. As empresas brasileiras estão acima da China, Rússia e Índia. Na comparação entre países, o Brasil está abaixo desses três. Isso mostra que aqui as empresas privadas são muito mais bem-sucedidas que o país."

MARCIO LACERDA, PREFEITO DE BELO HORIZONTE

"Somos uma nave espacial que circula pelo infinito com recursos escassos e isso precisa ser considerado. Na Eco 92 ficou claro que os gestores têm responsabilidade sobre sustentabilidade, que precisa ser trabalhada em parceria com a sociedade."

2014

AÉCIO NEVES, SENADOR

"A possibilidade de eu ser candidato é em razão de Minas. Já andei muito pelo país e tenho ouvido elogios às inovações que o estado implantou nos últimos anos. Não vou disputar a eleição para ser o presidente do Brasil. Vou disputá-las para ser o melhor presidente que o Brasil já teve."

LUIZA HELENA TRAJANO, PRESIDENTE DO GRUPO MAGAZINE LUIZA

"A culpa do sistema tributário é do brasileiro, que precisa brigar para mudá-lo. É preciso parar de reclamar e fazer. Não esperar pelos nossos políticos. O projeto de reforma tributária feito há dez anos nunca sairá da gaveta. Os empresários têm de se mexer para mudar isso."

PIMENTA DA VEIGA, PRÉ-CANDIDATO DO PSDB AO GOVERNO DE MINAS

"O trânsito está absolutamente insuportável. O metrô é a melhor alternativa. O BRT e o VLT são complementares, mas é preciso audácia. A primeira coisa a se fazer é resolver a questão do metrô com o governo federal e, em segundo lugar, desenvolver o plano de metrô para a RMBH, ligando o Jardim Canadá a Ribeirão das Neves e Betim a Confins."

EDUARDO CAMPOS, PRÉ-CANDIDATO DO PSB À PRESIDÊNCIA

"O novo pacto social se revelou, a despeito de suas representações políticas, e aí é que está o desafio de se construir um pacto político diante desse desafio social, com pessoas querendo participar cada vez mais da vida política do país."

FERNANDO PIMENTEL, PRÉ-CANDIDATO DO PT AO GOVERNO DE MINAS

"Existe déficit de atenção com os cidadãos. As manifestações de junho do ano passado revelam essa lacuna. Em todos os lugares as pessoas reclamam que nunca foram ouvidas pelos governos estadual e federal. Um grande abismo separa os governos da população."

LUIZ CARLOS MENDONÇA DE BARROS, EX-MINISTRO, ECONOMISTA DA QUEST INVESTIMENTOS

"O elemento mais importante nessa revolução (formalização da mão de obra) foi no governo Lula, já que 70% dessa mudança de renda vêm do salário mínimo. É um dos poucos casos clássicos da economia em que a política da esquerda deu certo (...) Lula acertou ao colocar um tucano no Banco Central, que tocou corretamente a economia brasileira, e ainda teve a explosão da economia chinesa, que ajudou o Brasil a crescer naquele momento."

PAULO RABELLO DE CASTRO, ECONOMISTA

"Nunca fui tão otimista, porque o Brasil jamais esteve em uma condição tão favorável para dar as respostas oportunas com as eleições. O povo está ávido por mudanças, mas ainda não sabe quem significa isso. Sabe apenas quem não é a mudança. Por isso os candidatos precisam sair da pequenez."

MÁRCIO UTSCH, PRESIDENTE DA ALPARGATAS

"Eles (currículos) mentem. Não há boi só de filé. Tem o filé, mas também o mocotó, barrigada, e nos currículos só há coisas boas. Ninguém coloca seus defeitos, e todo mundo os tem. As informações reais têm de ser buscadas em outros lugares."

RENATO FOLINO, DIRETOR-EXECUTIVO DO UBS WEALTH MANAGEMENT BRASIL

"Os pontos principais desse planejamento (sucessão familiar) são para garantir a perpetuação do patrimônio, a possibilidade de planejar os recursos ao longo do tempo para deixá-los à família e organizar a maximização do patrimônio."

ALBERTO PINTO COELHO, GOVERNADOR DE MINAS GERAIS

"Amo a luta com vertigem. Gosto das dificuldades que desafiam a minha atividade. Sou fanático pelos grandes obstáculos que exigem esforços supremos. O imprevisto me deslumbra e a necessidade das grandes ocasiões me fascina."

2015

LUIZ FERNANDO PEZÃO, GOVERNADOR DO RIO DE JANEIRO

"Vejo o governo federal muito distante dos vereadores e prefeitos, e são eles os responsáveis pela implementação de políticas públicas nas cidades. E segurança é prioridade, porque sem ela não é possível entrar professor, médico nas comunidades para desenvolver outras áreas nem atrair investimentos."

HELVÉCIO MAGALHÃES, SECRETÁRIO DE PLANEJAMENTO E GESTÃO DE MINAS GERAIS

"Perdemos competitividade por causa da questão ambiental devido à opção por um modelo fiscalista, licencialista, que estimula a clandestinidade e o malfeito, atravanca o desenvolvimento econômico e ainda não protege o meio ambiente."

BERNARDO PAZ, EMPRESÁRIO E IDEALIZADOR DO MUSEU INHOTIM

"A partir de uma conversa com o artista Tunga, percebi que a arte tem de ser política, instrutiva e interativa. E, para isso, precisa de espaços grandes. Não é possível construir obras enormes e interativas em museus dentro da cidade. Intuitivamente, fui construindo os pavilhões e trouxe o que escolheram e onde queriam colocar as obras."

CARLOS VELLOSO, EX-MINISTRO DO SUPREMO TRIBUNAL FEDERAL

"Com o Mensalão, parte do Brasil começou a ser passada a limpo e a outra está sendo passada agora, por meio da Lava Jato."

ADALCLEVER LOPES, PRESIDENTE DA ASSEMBLEIA LEGISLATIVA

"Faltam harmonia e diálogo em Brasília. O Brasil vive uma crise institucional e econômica. Vamos atravessá-la com unidade e é isso que Minas Gerais vai ajudar o país a fazer. Precisamos resgatar nosso espírito republicano."

CLEDORVINO BELINI, PRESIDENTE DA FIAT-CHRYSLER BRASIL E AMÉRICA LATINA

"O desafio agora e manter as conquistas e continuar progredindo. Em vez de falar em crise tire o S e crie."

MODESTO ARAUJO, PRESIDENTE DA DROGARIA ARAUJO

"Tiramos o S da crise, apostamos no óbvio, que às vezes é difícil de ser percebido, e começamos a criar oportunidades. A crise está aí, mas vai passar. No entanto, não podemos ver a banda passar, temos de agir sem esperar que o governo irá nos ajudar. É cada um de nós que tem de trabalhar e é sempre bom ter em mente que é o olho do dono que engorda o boi."

2016

OLAVO MACHADO

"Há muito tempo nossa economia e política não acompanham as transformações do mundo. Se o Brasil fosse uma empresa de mercado, seus gestores já estariam no olho da rua há muito tempo."

DOM WALMOR OLIVEIRA DE AZEVEDO, ARCEBISPO METROPOLITANO DE BELO HORIZONTE

"Somos chamados a pensar que a força da mudança precisa vir de todos os segmentos. Por isso não creio em esperar que um líder, como num passe de mágica, faça amanhecer um novo dia, porque isso cabe a todos nós, inclusive à Igreja."

SAMUEL FLAM, PRESIDENTE DA UNIMED-BH

"O problema é que os clientes dos planos de saúde pagam impostos na área pública e ainda têm de pagar para ter o plano de saúde."

ISRAEL SALMEN, SÓCIO-FUNDADOR DO MÉLIUZ

"Não construímos uma empresa somente para ganhar dinheiro com sua venda, mas provocar mudanças e deixar legado."

CARLOS MÁRIO VELLOSO, EX-PRESIDENTE DO SUPREMO TRIBUNAL FEDERAL

"O sistema de eleições proporcionais está comprometido por abusos dos poderes econômico e político."

ROBERTO BRANT, EX-MINISTRO DA PREVIDÊNCIA NO GOVERNO FERNANDO HENRIQUE CARDOSO

"Nossa Constituição veio contaminada dos sonhos utópicos socialistas. As ideias chegam muito tarde ao Brasil."

DÉCIO FREIRE, SÓCIO DO ESCRITÓRIO DE ADVOCACIA DÉCIO FREIRE E ASSOCIADOS

"O empresariado precisa ser valorizado no Brasil. Tudo começa pela insegurança jurídica. O empresariado está na berlinda. A conta sempre cai no seu colo. Vejo empresários fazendo planos para seus filhos buscarem carreira no exterior e não assumirem seus negócios aqui. Isso é muito preocupante."

PEDRO FARIA, CEO GLOBAL DA BRF, FUSÃO DE SADIA E PERDIGÃO

"O fato de empoderar as pessoas, descentralizando decisões, é muito importante dentro das empresas. É esta também nossa luta diária. Procuramos dar voz aos funcionários. Quando da fusão, ouvimos 109 mil trabalhadores para saber o que despertava sua emoção na companhia."

JOÃO KEPLER, ASSOCIADO E CAÇA-TALENTOS DA BOSSA NOVA INVESTIMENTOS

"É preciso entender só de negócios? Não. É preciso entender de gente. Esse é um investimento de relacionamento. Você lida com empreendedores e com sentimentos. No início, investimos na pessoa, para que ela possa ter tranquilidade para desenvolver a sua ideia."

MARIO VRANDECIC, FUNDADOR E DIRETOR-GERAL DO BIOCOR

"Conseguimos nos consolidar como uma instituição de

excelência, baseada na educação continuada, na atualização tecnológica, na assistência através do acolhimento, da inovação, da gestão competente."

VITTORIO MEDIOLI, PREFEITO DE BETIM E PRESIDENTE DO GRUPO SADA

"Precisamos estudar os exemplos de Bogotá e Medellín, na Colômbia, e recuperar as favelas e nossos jovens, salvando-os da marginalidade", diz, com olhar para o campo social. Como empresário, ataca a política tributária: "O Estado tem visão acéfala. Aumentar os tributos inibe a produção e, consequentemente, diminui a arrecadação."

RODRIGO MAIA, PRESIDENTE DA CÂMARA

"Se nada for feito (reforma da Previdência), o endividamento do Brasil vai a 200% do PIB, o mercado não vai mais financiar a dívida brasileira e, quando o mercado não fizer isso, o que é que vai acontecer? Ou o governo vai ficar insolvente ou terá inflação porque será necessária a emissão de moeda. Isso é o Brasil do passado, da década de 1980, da hiperinflação. É esse Brasil que a gente não quer de volta, e é por isso que as reformas estão colocadas."

2017

JOÃO DORIA, PREFEITO DE SÃO PAULO

"Fui eleito para ser prefeito e vou prefeitar. Porque a expectativa de 53% do eleitorado de São Paulo foi para que eu possa governar a cidade e ser um bom prefeito. Não tenho nada contra os políticos. Aliás, sou filho de um. Mesmo na prefeitura, sou um gestor na vida pública."

RUBEN FERNANDES, PRESIDENTE DA ANGLO AMERICAN DO BRASIL

"Inovação e tecnologia são os pilares que ditam a competitividade. A mineração não é geração de riqueza via destruição. É perfeitamente possível deixar um legado ao fim do minério."

SYLVIA COUTINHO, PRESIDENTE DO BANCO UBS

"Nos momentos de crise conseguimos fazer grandes mudanças. Talvez a gente veja reformas que não ocorrem há muito tempo e que sejam relevantes. Que a gente consiga fazer um upgrade do voo de galinha para o voo de pato."

ÁLVARO DIAS, SENADOR PELO PODEMOS-PR

"Os erros praticados pelos governos nos últimos anos, além dos benefícios fiscais a grandes empresas como a JBS e ao empresário Eike Batista e para ditaduras corruptas e sanguinárias, elevaram a dívida interna, que consome 52% do que é arrecadado no país, com juros, serviços e encargos da dívida."

ZEINA LATIF, ECONOMISTA CHEFE DA XP INVESTIMENTOS

"Para avançar, o governo precisa reconhecer os erros e evoluir na agenda das reformas."

RONALDO IABRUDI, DIRETOR-PRESIDENTE DO GRUPO PÃO DE AÇÚCAR

"O crescimento deve se consolidar com a possibilidade de o consumidor comprar por aplicativos. Esse é o futuro."

SÉRGIO LEITE, DIRETOR-PRESIDENTE DA USIMINAS

"Buscamos talentos na própria empresa para tirar a Usiminas de uma situação de quase falência para transformá-la novamente em uma das principais empresas do setor no país. Criamos o Grupo dos 10, reunindo representantes das três forças da Usiminas (brasileiros, japoneses e ítalo-argentinos). Eles debatem e traçam as ações para recuperar a empresa."

2018

HENRIQUE MEIRELLES, MINISTRO DA FAZENDA

"A reforma trabalhista já está fazendo efeito. Já vimos isso em outros países que fizeram. Esperamos que, em dez anos, só como resultado da reforma, sejam criados 6 milhões de empregos."

GERALDO ALCKMIN, GOVERNADOR DE SÃO PAULO, PRÉ-CANDIDATO À PRESIDÊNCIA DA REPÚBLICA PELO PSDB

"A falta de credibilidade dos políticos e a falência do sistema político precisam ser debatidos e enfrentados com a seriedade com que a sociedade brasileira está cobrando."

CIRO GOMES, PRÉ-CANDIDATO DO PDT À PRESIDÊNCIA DA REPÚBLICA

"Esse é o tempo das reformas. Mas elas não passam porque tudo o que está errado está aí para atender os interesses de minorias organizadas e ativas em desfavor das imensas maiorias."

EULER NEJM, PRESIDENTE DO GRUPO SUPERNOSSO

"É uma grande oportunidade de estreitar relacionamentos, conhecer pessoas das mais influentes no meio empresarial de Minas e do Brasil."

JOSÉ NETO, DIRETOR PRESIDENTE DA NETSERVICE

"Participar do Conexão Empresarial é fazer parte de um dos melhores encontros empresariais do Brasil, oportunidade de ampliar conhecimento e relacionamentos. É a VB Comunicação imprimindo sua excelência em organização e prestígio, reunindo grandes nomes do mercado nacional."

MIGUEL CORRÊA, SECRETÁRIO
DE DESENVOLVIMENTO ECONÔMICO,
CIÊNCIA E TECNOLOGIA

"Em vez de construir distritos industriais, o governo decidiu apostar nas boas ideias. O resultado dessa visão de empreendedorismo colocou Minas como um estado que gera empregos e empresas em um dos momentos mais delicados da economia brasileira."

SALIM MATTAR, FUNDADOR DA LOCALIZA

"O governo deveria servir à sociedade, mas se serve dela. O Brasil tem 13 milhões de desempregados na iniciativa privada. Mas não no setor público, onde não existe desemprego."

ANTONIO ANASTASIA, CANDIDATO AO
GOVERNO DE MINAS PELO PSDB

"É preciso um diálogo franco com o setor produtivo e o poder público para que sejam implementadas medidas para tirar o estado da crise em que se encontra."

FLÁVIO ROSCOE, PRESIDENTE DA FEDERAÇÃO
DAS INDÚSTRIAS DE MINAS GERAIS (FIEMG)

"Não há soluções fáceis para o Brasil, mas é possível trabalhar duro para fazer algo novo. Quero criar um canal para dar visibilidade àqueles que fazem as boas ações para nosso país e combater as ideias equivocadas."

ROMEU ZEMA, GOVERNADOR
ELEITO DE MINAS GERAIS

"Vou fazer o que estiver ao meu alcance para acertar, ter uma boa administração e com isso provar que a gestão pública funciona melhor nas mãos de um empresário do que nas de um político"

Esperanças sempre renovadas

O ofício de escrever é, antes de tudo, um ofício de reflexão. É algo tanto desafiador quanto inspirador a qualquer tempo. Se é um exercício crítico, pode ser também um afago à esperança. E olhando nosso Brasil neste tempo de transição, que ele de fato entre numa fase de verdadeiras transformações, que seja o Brasil que todos esperamos.

Sabemos que uma nação não se molda em ciclos, mas que nos próximos quatro anos renovem-se o sentimento e os esforços coletivos para que possamos fazer o melhor para nossa terra e nossa gente.

Que o país volte a seu grau de crescimento, reequilibre a economia, estimule a geração de empregos e, consequentemente, propague confiança e bem-estar. Que seja, acima de tudo, um tempo de paz. Mas que em momento algum renunciemos à urgente e vital necessidade de mudar. Venho participando e acompanhando a cena brasileira há mais de 50 anos, sempre torcendo pela prometida mudança. No entanto, assim como ela chega, desaparece. Digo incansavelmente que todos falam em mudanças, mas ninguém quer de fato mudar. E ainda que muitos afirmem repetidamente que a situação do país e dos estados é insustentável, há saídas e não podemos abandonar o ímpeto de lutar por elas.

Agora, quando encerro este livro, há entre milhões a expectativa de que o novo governo com o presidente Jair Bolsonaro realimente a esperança e a confiança no povo brasileiro. Eu, pessoalmente, jamais perco a fé. No próximo livro, espero que o Brasil seja, no fundo, tudo aquilo com que sonhamos.

JO JOSÉ OLYMPIO

Este livro utiliza fonte Garamond
e foi impresso nas oficinas da **Rona Editora**
em novembro de 2018 para a
Editora José Olympio Ltda.